研修・セミナー講師が企業・研修会社から

選ばれる力

セミナー・研修プロデューサー
原佳弘

はじめに

「いい講師なんだけど、ちょっと残念なんだよね」

「いきなり売り込みに来られても、判断できない」

「講師には言えないけど　何が専門なのかわからないんだよね」

よく、企業の担当者や研修会社のスタッフから聞く〝残念な〟言葉です。

何が、残念なのでしょうか。

講義方法が、そのセミナーにフィットしていない？

オリジナルのプログラムが効果的でない？

プレゼンテーションがイマイチ？

このように、講師のスキルやテクニックに課題があることも多いかもしれません。しかし、もっと問題なのは、相手との相互理解が欠けているケース。講師がよかれと思ってやっていることが、すれ違いを生んでいるのかもしれません。

私は、仕事の依頼が減っていく講師の姿をたくさん見てきました。

かつては休みなく日本全国に飛び回っていた人気講師だったのに、いつのまにか仕事が減っていき、企業への提案は通らず、プレゼンでも勝ち残れなくなった。そして結果的に、研修・セミナー会社（エージェント）からも推薦されなくなり研修の仕事がなくなってしまった……。

それに対して、華々しい活躍を続ける講師もたくさん見てきました。

最初は無名だった講師が、工夫して活動を続けていくうちに稼働日数や単価が上がり、やがて大手企業からも直接指名されるような著名講師となっていくサクセスストーリーです。

あるとき、私は、この結果の差には、何らかの法則性やポイントがあるのではないかと考えました。そこに**「ベースとなる考え方」**と**「自分が選ばれる状態にもっていく戦略」**の両面があると気付いたのです。

この本を手に取られた方の多くは、「これから、研修講師になって大活躍するぞ！」あるいは「今以上に人気のあるセミナー講師になるぞ！」と意気込んでおられることと思います。本書には、私が研修・セミナー会社で仕事をしながら１００人以上の講師やコンサルタントとお付き合いして得られたノウハウが詰まっています。それにより、どんな講師なら「自社セミナーに登壇してほしい」と思うのか、「長くお付き合いしていきたい」と感じるのか、そして「クライアント（企業）はどのような講師を望んでいるのか」という点について、整理・体系化してみました。

講義方法や講師に必要なスキルを記したものではありません。講師という役割に必要な姿勢、講師として選ばれるための戦略論について、クライアント企業や研修・セミナー会社の立場からポイントをまとめました。つまり、選ばれる講師はこんなタイプで、そのためにはどういった活動や意識が必要かということについて解説したものです。

では、なぜ、私が「選ばれる講師」という視点でノウハウをまとめてみたいと思ったか。その動機はいくつかあります。

1つめは、**講師自身の営業活動やマーケティングに関して、体系化された本が見当たらなかった**という点です。プレゼン技術、講義講演術、ファシリテーションスキルに関する書籍や解説はたくさんあります。著名な研修講師が書いたもの、プレゼンテーションの専門家が書かれたもの、大学の先生が書かれたものもあります。そういった文献の一部には、講師の営業活動、成長戦略についても触れている箇所もありますが、購買側からのニーズを踏まえて営業やマーケティングについて専門的に書かれたものはありません。

昔は、講師という看板を掲げれば、仕事の依頼が勝手に来たのかもしれません。しかし今は違います。講師という「コンテンツ」の商品価値だけでは伝わりにくく、「売り方」

も重視する必要があるのです。もちろん、セミナーや研修のタイトルを工夫することだけが講師のマーケティング活動ではありません。商品面、価格面、販促面、チャネルなど、多角的・体系的なマーケティング戦略を実践することが大事であると感じたのです。

そして、2つめの動機です。それは、**講師の先生方がご自身を振り返る機会の一助となれば**、という思いです。講師業は、自身の活動を修正・振り返る機会が少ないものです。研修後のアンケートはありますが、そこで明確な問題・課題を指摘されることは稀です。また、事務局や研修・セミナー会社からも、問題点の指摘やアドバイスをストレートに受けることは少ないものです。自分で振り返ろうとしても、何を基準に行えばよいかが不明確なため、自身の課題については自分で見つけるしかない難しい立場にあるのです。

しかし、そういった振り返りを怠り、課題意識をないがしろにしていると、いつかしっぺ返しがきます。企業によっては、「あの先生には、修正依頼や注文を付けることはできないよ」と思われてしまうこともあるようです。また「研修プログラムをこうしてほしい」といった、発注側のニーズをストレートに伝えられないケースも少なくないのです。講師相手には遠慮しがちで、なかなか言いにくいのです。

私にも似た経験があります。研修業界に入って3年ほどした頃。ビジネスの世界での先輩である研修講師やコンサルタントには畏敬の念に近いものを感じていました。しかし、あるとき、クライアントからの要望でどうしても先生に直訴し、改善してもらいたいことがあったのです。それは伝えにくい内容でした。私は、それを3か月も講師に伝えることができなかったのです。しかし、あるとき、業を煮やしたクライアントから「何度も言ったよね……」と叱られてしまったのです。そこで意を決した私は、先生に恐る恐る伝えてみたのです。反論されるか怒られるか、仕事がストップしてしまうのかもしれないという、最悪の状況も想定しました。

しかし、結果はまったくの想定外でした。先生から感謝されたのです。「よくぞ言ってくれた！　原君、他の研修会社の方は誰も言ってこなかったよ」と。先生も自分についてフィードバックがほしかったとまでおっしゃってくださいました。この体験から、講師、先生業の方には、正しいフィードバックが届いていないと感じたのです。

私が、先生業である講師やコンサルタントの皆様方に、このようなことを申し上げるのは大変失礼なことかもしれません。しかし、私自身もコンサルタントの端くれであり、講師にとってのお客様であるクライアント（企業・団体）に貢献すべきだという気持ちがあります。この思いを3つめの執筆動機として挙げたいと思います。

研修・セミナー会社に在籍していた頃、クライアントからこんな声を聞きました。

「また、研修講師の選択で間違えてしまったよ……」

「コンサルタントはどうやって選べばいいのだろうか?」

当時、私もうまくお答えできませんでした。今でも、模索段階にあると思います。

確かにお伝えできることは、クライアントにとって、研修講師、コンサルタントという「商品」の選択は、非常に難しいということです。しかも、決して安価な商品ではなく、事前のお試しが難しいものです。基準となる資格や明確な条件があって、選択できるものでもありません。

そういう状況の下、私の使命は、**クライアントが喜んでお付き合いしたくなる講師やコンサルタントを増やすこと**であると考えています。

私は、基本的に「挑戦心」のある講師の方々には成功するチャンスがあると考えています。「プレゼンがうまくない」「経験が少ない」といったマイナス要素を挙げればキリがありません。しかし、素直に一つずつ欠点を克服したり、強みを伸ばすことが、講師としての成功を引き寄せるのだと私は思います。

あなたのその挑戦に、本書が少しでもお役に立てれば幸いです。

2015年9月

著者

本書の全体構成のイメージ

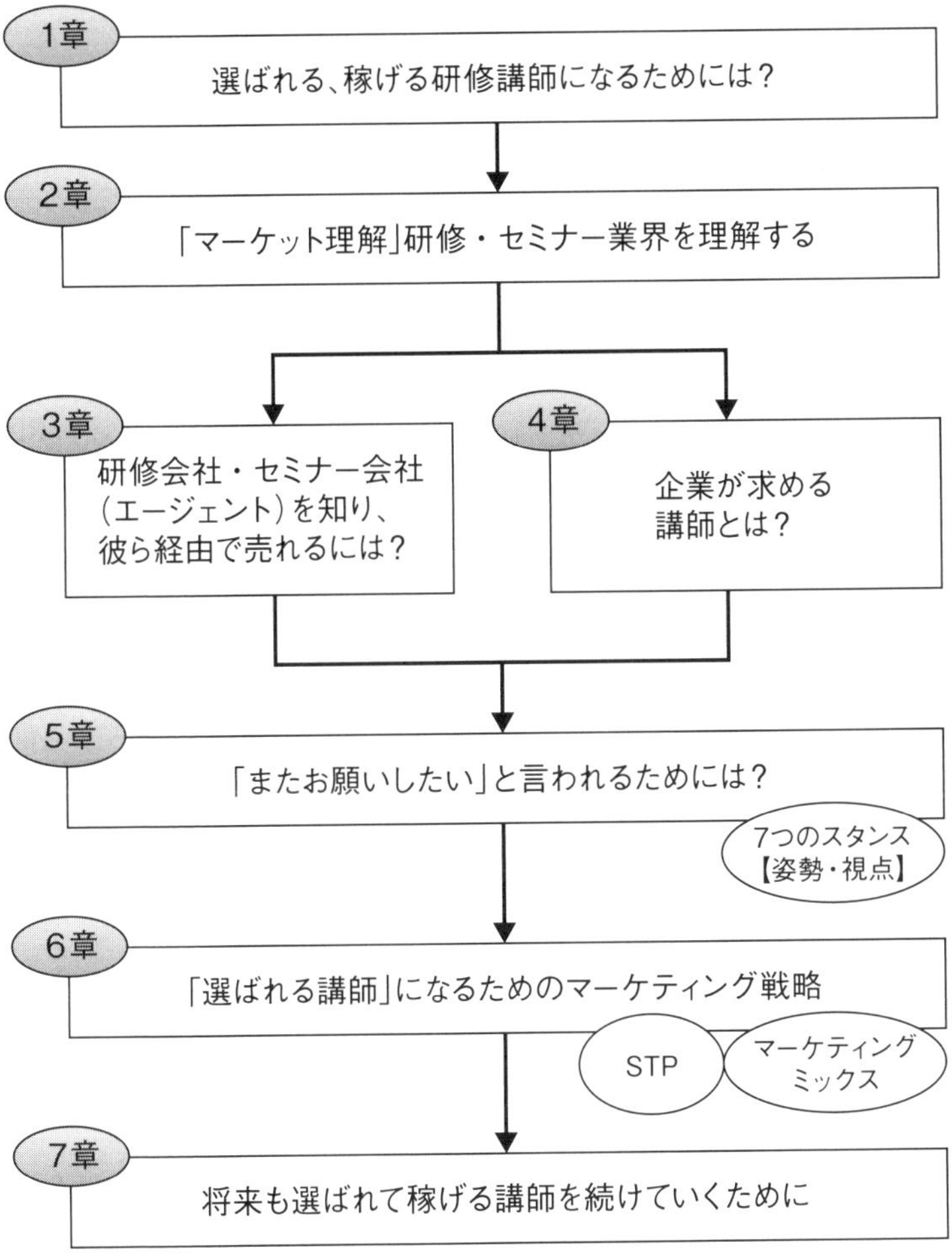

1章
選ばれる、稼げる研修講師になるためには？
2章
「マーケット理解」研修・セミナー業界を理解する
3章
研修会社・セミナー会社（エージェント）を知り、彼ら経由で売れるには？
4章
企業が求める講師とは？
5章
「またお願いしたい」と言われるためには？
7つのスタンス【姿勢・視点】
6章
「選ばれる講師」になるためのマーケティング戦略
STP
マーケティングミックス
7章
将来も選ばれて稼げる講師を続けていくために

研修・セミナー講師が企業・研修会社から「選ばれる力」　目次

3章 エージェントを知ることの重要性

6章 選ばれる講師になるためのマーケティング戦略

7章 将来も選ばれて稼げる講師であり続けるために

装　丁　朝日メディアインターナショナル㈱
DTP　朝日メディアインターナショナル㈱

1章

クライアントに選ばれる、稼げる研修講師になろう！

講師という役割と機能

さて、みなさんは「講師」には、どういう役割や機能があると思いますか？

「人前で知識やスキルを教える役割」

「人の気持ちや意識を変える役割」

「社内のリソースではできない、教育を代行する機能」

私は講師の役割・機能を次のように明確に定義しています。

それは「相手の問題を解決する役割・機能」です。

講演講師、セミナー講師、企業研修講師とステージによって、少しずつ役割機能は異なりますが、どのステージでも必要となる役割・機能は「問題解決」です。

つまり、問題解決することが重要であって、「何かを教えること」「意識を変えること」「代行すること」は、そのための一手段にすぎないのです。

一つ誤解を解いておきたいことは、**講師は自分の話したいことを話す仕事ではない**、という点です。相手ありきの仕事です。相手が、主婦でも学生でも、日々ビジネスの最前線にある企業人であっても、それは共通しています。自分の話したいことを話すより、相手の問題解決をすることが講師には求められます。

ですから「話したいことがあれば講師になれる」という幻想が、一番、講師業にマイナスをもたらします。スピーチコンテストなら、話したいことを存分に話せばいいでしょう。また、ビジネストークで自社の紹介をする際などは、伝えたいことを存分に話すべきだと思います。しかし研修講師は、それとは役割が違うのです。

個人向けのセミナーでも同様です。中には講師自身が話したいことを伝えるタイプのセミナーもあるでしょう。しかし、人気のある、信頼されているセミナー講師は、何かしら参加者の問題を解決するコンテンツ、価値を提供しているはずです。テーマが、スキルアップであっても、知識提供であっても、自己啓発であっても、そこには問題を解決する「何か」があるはずです。

さて、ここで本書の前提として、「講師」と「コンサルタント」の役割の違いについてふれておきましょう。私自身は、講師とコンサルタントの違いを次のように捉えています。

「講師」は、受講生本人に問題解決を行っていただくように導く役割・機能をもっています。つまり、講師自身は問題解決に深く入り込まず、研修に参加している受講生あるいはその周囲に影響を与えながら問題解決を実践してもらうことがミッションです。

これに対して「コンサルタント」は、自分自身でクライアントの課題を見つけて、自ら、あるいはクライアントと一緒に解決していく役割・機能をもっているといえます。つまりコンサルタントは、自分自身が主体となって問題解決にあたる存在です。

本書では、主に「研修講師」と「法人向けのセミナー講師」についてのお話をしていきます。研修とセミナーの違いについては2章で解説しますが、まず、これから講師としてステージアップを目指される方は、この「講師とは、相手の問題解決をする役割・機能である」「受講生本人に、問題解決に取り組んでもらう」という2つの大前提をまず押さえてください。

研修講師とは、「人気商売」である

私は、仕事柄、多くの講師の先生方と会ってきました。実際に、100名以上の先生方とセミナーや研修を実施してきました。大企業での熟練の実務経験を踏まえ、その経験を武器に講師業で活躍される先生。外資系企業出身でMBAホルダー、颯爽と活躍するコンサルタント。そしてTVや雑誌にも数多く登場し、タレントのように精力的に活躍されている講師。

どの方も、その専門性、活躍のフィールド、経歴、さらに人間性も含めて素晴らしい方々でした。人前に立たせれば劇的な変化を生み出す講師。複雑に絡み合った企業の問題をするりと解決の方向へ導いていくコンサルタント。「その先生だからこそ解決できた！」というような場面を、私は数多く見てきました。

一方、華々しい場面だけでなく、残念な例も経験してきました。クライアントとの内容やお金に関わるクレーム。私たちのような研修・セミナー会社（エージェント）とのトラブル。そして、受講生へうまく伝えることができずアンケート評価も低調という場面……。

みなさん、成功を信じて研修講師になったはずなのに、この差はどこから生まれてしまったのでしょうか。自分がしてきた貴重な経験を広めたい、役立てたい、あるいは講師になって稼ぎたい、その動機はさまざまです。ここで見逃してならない重要なことは、うまくいっていない講師も、決して「やる気が低い」「サボっている」わけではないということです。何らかの方法論を立てて、試行錯誤し、そして熱心に取り組んでいました。それでも、このような差が現実に出てしまうようです。

このように、講師とは、結果がすべてであり、評価がハッキリと分かれる仕事なのです。評価が高い講師には、たびたび仕事の依頼が舞い込むことになります。企業からも「あの先生でまた実施したい」「うちの会社にはあのコンサルタントが適している」という声を聞きます。それは、企業からの評価だけでなく、私たち研修・セミナー会社も同様でした。そのため、売れっ子講師には、エージェントの担当者同士がスケジュールを奪い合うくらいの勢いがあるのです。

その一方で、「何か研修の仕事はありませんか?」とたびたびメールを送ってきたり、訪問してくる講師もいます。人気の落差が激しいのです。

次ページの図は、そんな講師業界の人口ピラミッドのイメージです。

超有名講師というのは、著書を何冊も出されていて、多くの方に名前を知られている方です。このレベルの講師の絶対数は少ないのですが、非常に単価が高く、仕事の依頼が途切れない層です。

中堅層は、ある分野の専門家として知られており、企業の担当者も半分ぐらいの方は知っているという方々です。講師業界ではその存在は知られており、専門領域をもって活躍されています。報酬も低くなく、安定的に活躍されている方々です。

そして、無名・トレーナーレベルは、専門領域が明確でなく、仕事の継続率や単価も低いままの層です。

ここでお伝えしたかったのは、ゾーンの区分けではなく、講師の存在分布領域です。ピラミッド型の分布図ではなく、超有名ゾーンを占める講師は少なく、最下層のゾーンに多くの講師が存在するいびつな形です。つまり、**著名な講師に仕事が集中する仕事＝人気商売である**ということを、ここで実感していただきたいのです。

さらにこのことを実感していただくため、講師フィーと著名度のレベルの関係をイメージ化してみました。

あるレベルから、講師フィーはぐっと上がっていく傾向にあるようです。具体的に言うと、はじめのうちの講師フィーは5万円、8万円、10万円と小刻みな上昇傾向だったの

講師は人気商売

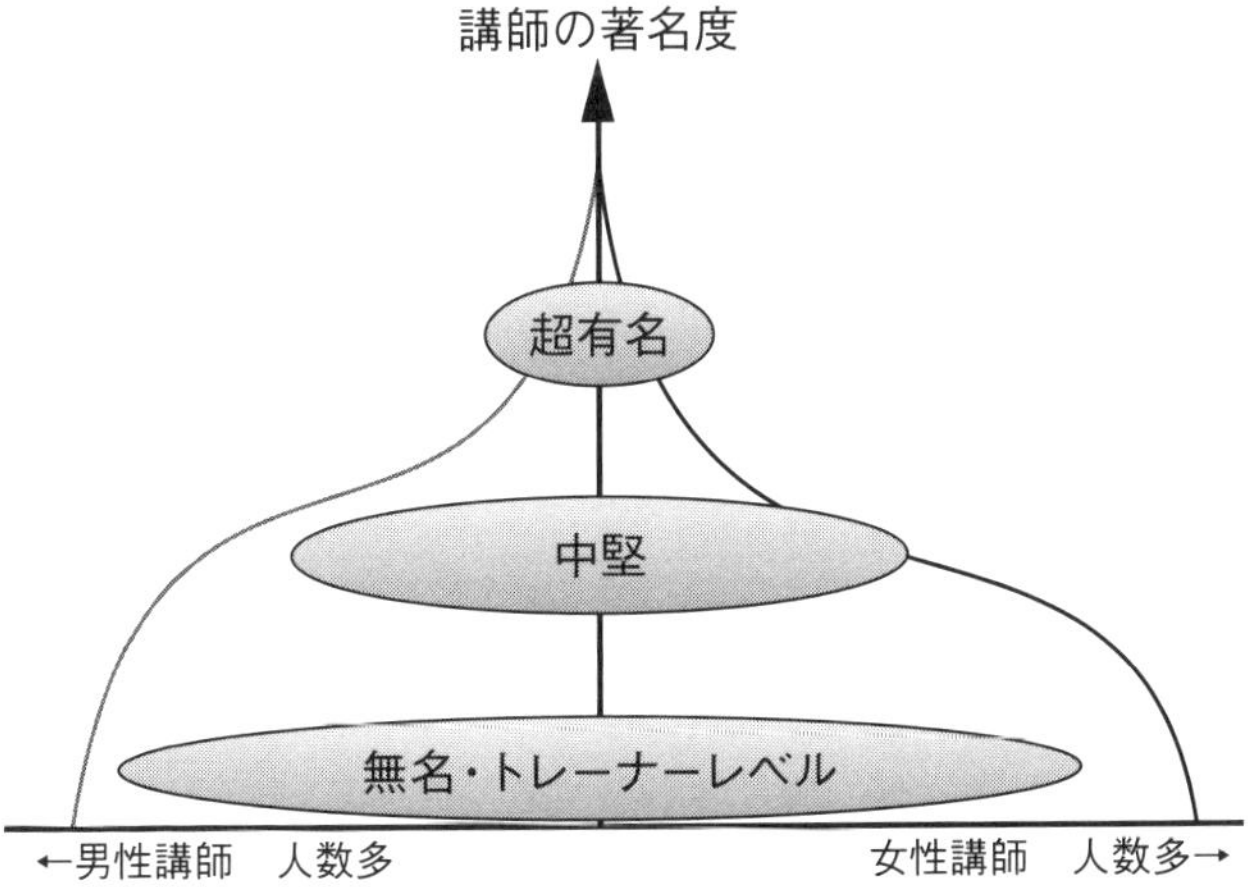

が、中堅から超有名レベルになると、15万円、20万円、30万円、50万円と急上昇していく傾向にあります。

このように、講師の存在分布も、その報酬も、特定の人気ある方、実績がある方に集中しているという現実が見えてきます。

仕事を頼めない講師、続かないコンサルタントの例

講師が人気商売であるということはご理解いただけたと思いますが、次に知っていただきたいのが、こうなってはいけない残念な講師の実例です。

初めて講師の方と面談をすると、いろいろなことに気が付きます。

一部の著名講師が高いフィーを得ている

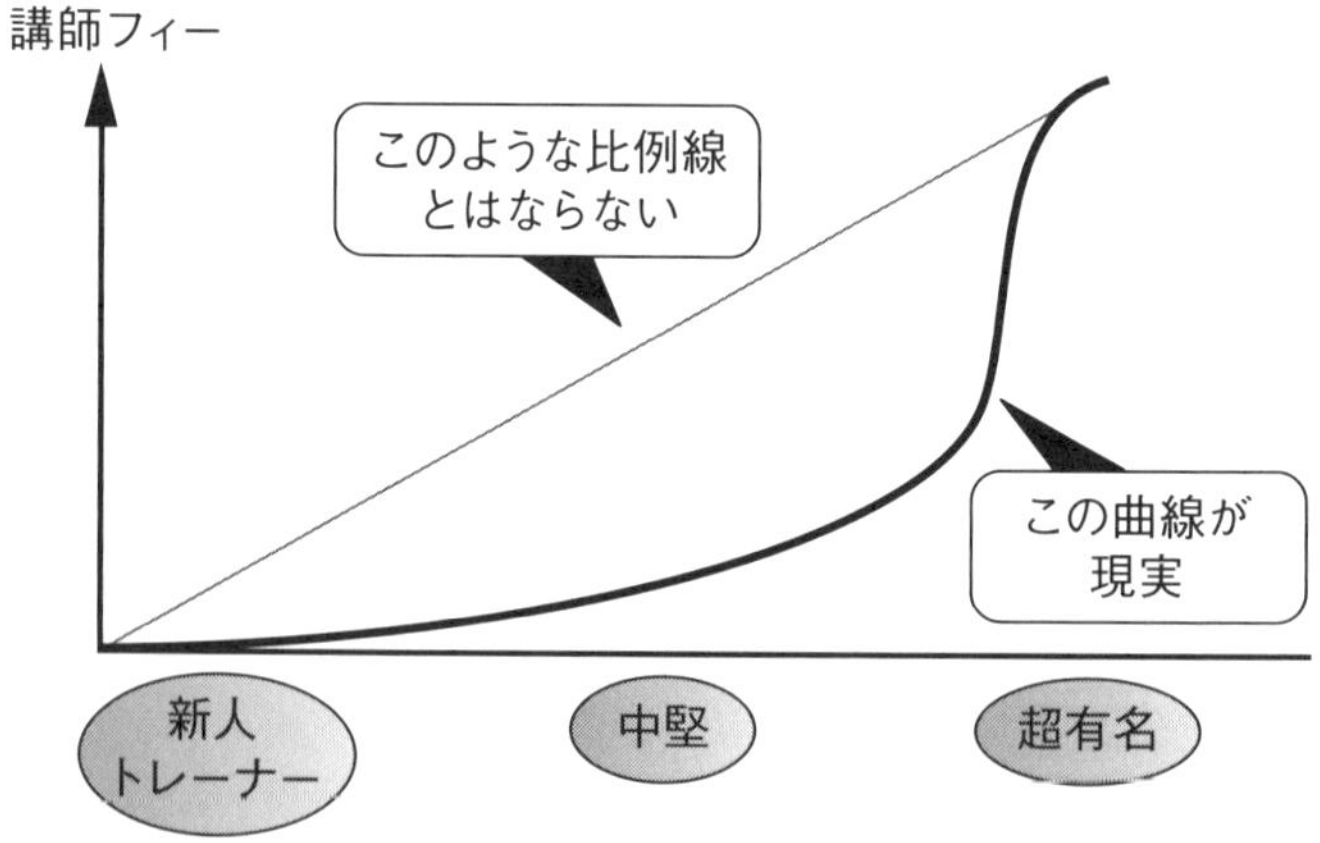

まずは外見面。スーツがヨレヨレ、ワイシャツの袖もボロボロ、ネクタイもヨレヨレ……と、身なりや身だしなみが整っていない方がたまにいらっしゃいます。もちろん、著名講師やクリエイティブ系の講師の中には、カジュアルな服装の方もいます。しかし決して、身だしなみに気を配っていないことはありません。

ここで大事なことは、おしゃれをしてくださいということではありません。人前に立つ講師が身だしなみに気を配れていないことが不安材料になるということです。研修・セミナー会社がクライアントに紹介する際に、相手に不安を与えてしまうリスクとなるということです。「この講師は本当に価値を提供してくれる、しっかりした講師なのか？」という疑問・不安を抱かせてしまうのです。

次に、不安に感じる講師は、一方的に自己PRだけをするタイプの方です。このタイプは実は意外と多いのです。「私はこんな著名企業にいました」「こんな表彰・褒章を受けました」「営業実績はこんなにたくさん」「これだけ取材されています」と、一方的に延々と説明されるのです。もちろん面談の場は自己紹介をする場でもあるのですが、主な内容としては、クライアントへどれだけの価値提供ができるか、という点について集中的にお話をうかがいたいのです。

さらに、相手の話を聞かずに一方的に説明を始めてしまうタイプも少なくありません。

自分の研修プログラムの中身や、進め方の詳細説明にいきなり入ってしまうケースです。いきなり相手の話を聞かずに説明されても、困るだけのことが多いのです。もちろん、気持ちはわかります。仕事のチャンスが目の前にあり、一所懸命にPRしたい、理解してほしいという気持ちがそうさせてしまうのでしょう。でも、相手の立場になってみたら、どう感じるでしょうか。

今、講師をなさっている方は、自分はそんなことはしていないとおっしゃるかもしれません。でも、一度、ご自身のプレゼンを録音して分析してみてください。意外と自分が話している時間が長いことに驚くかもしれません。

クライアントとの面談において、もう1つ大きな落とし穴があります。

それは「何でもやります！」と言ってしまうことです。クライアントは「この講師は何が専門なのか？」と疑問を感じます。逆に、発言が謙虚すぎて、「この講師に頼んで大丈夫か？」と周囲に感じさせる講師もいます。きちんと自分のセールスポイントを伝えられなければ、クライアントは困惑してしまいます。相手は「この人に任せられるかな」と観察しています。そこにギャップが生じてしまうと、うまくいかないのです。

また、かつて私とある講師がクライアントを訪問した際に、とても痛い経験をしたことがありました。今でもよく覚えています。初訪問にも関わらずその講師は、相手企業の問題点をあれもこれもと、痛いところを延々と突いてしまったのです。隣に座っていた私は、額から汗がとめどなく出てきました。ひきつった笑顔で「先生、ありがたいご指摘ですが……」と消え入りそうな声で間に入ろうとしたことを覚えています。

さらに、いざ研修の当日、今度は違う面がいろいろと目につきます。いつまでたっても自己紹介や自身のPRばかりで、肝心の講義になかなか入らない先生。その結果、予定していた研修時間を大きくオーバーし、さらに、禁句である「今日は時間がないから、この先は割愛します」と尻切れトンボで終わってしまう講師。

はたまた、教えているのだから受講生は聞くのが当たり前だと言わんばかりの高圧的な態度や言動をとる講師。受講生からの質問に対して、「それは今日のテーマと関係ない」とシャットアウトしてしまう講師。「ここは私の核となる部分だから、途中で休憩は入れられない」と休憩時間なしで何時間も突っ走ってしまうといった、事務局やエージェント担当者の声を一切聞き入れない講師もいました。

研修やセミナーは始まってしまうと、講師にほぼすべて一任する状態となります。休憩時間などに修正をお願いすることもありますが、研修が始まってしまえば講師が全責任をもって、研修会場をコントロールして進めていってもらうしかないのです。

研修後の場面でもヒヤヒヤすることがあります。

研修結果の報告会で、頭ごなしに「受講生の受講態度が悪い」「研修時間が短かった」「会場など環境が悪い」と自分に原因をまったく求めない講師の方もいました。

一番多い課題は「一方的になってしまう」こと

このように問題を感じる点は多種多様ですが、エージェントの立場で一番気になった点があります。それは「講師が一方的になってしまう」ということです。クライアントの前や私たちエージェントの前で「一方的に話し過ぎてしまう」のです。相手に伝えたい思いのあまり「一方的に伝える」ばかりになってしまうのです。

語りたい気持ちはよくわかります。クライアントのことをわかっているからこそ、また相手の課題解決のためだからこそ、あれこれ気が付くのでしょう。相手のためを思って伝えたくなる、と私たちも理解しています。でもその結果マイナスに働いてしまうのです。

この点は、研修・セミナー会社の担当者から見ると、とても心配で不安です。なぜならば、講師がいつもまくしたてるタイプの講師に見えてしまうからです。研修でも一方通行型の内容になってしまう、受講生の反応や疑問を拾ってもらえない、などのリスクを感じるのです。研修中に受講生の関心や受講態度を気にせず一方的に話してしまうのではないか、クライアントへの提案の際にも相手視点になれずに講師目線での提案になってしまわないか、そして私たちエージェントの意向やお願いも無視されてしまうのではないか、と不安を感じるのです。

この「一方的に伝えたがる」傾向は、講師の方との面談前にも伝わってきます。履歴書、経歴書、提案書などに〝それ〟が見えるのです。

研修・セミナー会社には、毎週何通もの「講師登録希望」や「履歴書・提案書」が送られてきます。多いときには、週に10人以上から送られてくることもあります。

残念な点は、この履歴書・経歴書・提案書の多くが「自分目線だけ」で書かれていることです。「こんな著名大学出身です」「一流企業で○年やってきました」「社内褒賞○回、MVP○回」「資格はこれだけあります」「海外でこんなことをやってきました」「これまでの登壇実績はこんなにあります」と、あれもこれも盛り込んであります。

また、記述内容だけでなく、レイアウトやデザインにも相手視点がほしいところです。細かな文字がビッシリ書かれた書面、たくさん羅列しすぎて要点が見えない提案書など読み切れません。誰に読んでもらうための書類なのか考える必要があります。

そんな書類であれば、いくら熱意が込められていたとしても「自分目線で一方的に伝えてくる」と、受け取られかねないのです。一方的に発信しても、残念ながら片思いに終わってしまうのです。

もちろん、重要な情報やキーワードを履歴書や提案書に盛り込むことは大事です。それらは、企業に提案する際やセミナーを企画する際に活躍します。「相手目線」になって資料や提出文書を検討してみてはいかがでしょうか。

研修・コンサルティングは〝買いにくい商品〟だという自覚をもつ

私は100回以上の法人向けセミナーを実施し、80社以上の企業へ研修を提案・販売してきました。こうしたセミナーや研修を提案・販売しているとき、私はときどき不安になりました。研修やセミナーは、安ければ安いほどいいという商品ではありません。購買基準やその判断の目安が、クライアントにとってもわかりにくい商品です。だからこそ、相手は自分の提案した商品のどこを買ってくださったのか、と販売しながらも相手の立場を心配していたのです。

研修の目標は、受講生が知識を獲得したり、スキルが向上したり、現場で成果を出せるようにしてあげることです。知識やスキル習得であれば、研修の成果は測定しやすいかもしれませんが、現場での成果は測定しにくいものです。成果との因果関係を測りにくいものを、講師とエージェントは提案・販売しているのです。

コンサルティングも同様です。コンサルティングプランを立て、具体的な問題解決の手法を提示しても、本当にそれが最善の妥当解へのプランなのか、投資対効果に見合うかどうか判断しにくいものです。

講師やコンサルタントの方々は、そこまで気にする必要はないかもしれません。ただし、**相手が「購入する理由」「購入を判断する材料」を、相手視点で提供できているか、**私はこの点を非常に重要視していました。自分という商品の購買基準、購入後の判断がしやすい「講師プロフィール」「プログラム」「ゴール設定」「プラン」を、どれだけ相手目線で提供できるかということです。

一般の商品やサービスと比較して、とても目に見えにくいもの、成果が想定しにくいものを私たちは提供しているのです。目に見えにくいからこそ、成果が想定しにくいからこそ、相手目線で「どういった情報が必要か」「どういった提案が求められるか」「自分にはどんな役割が期待されているか」を、あらゆる手段を使って提示していかなければなりません。

講師業は「選ばれて行う仕事」である

講師は、基本的に「お願いされる」仕事です。つまり、お願いされるに値する＝「選ばれる理由」を備えていなければなりません。つまり「あの先生にぜひお願いしたい！」「あの先生とまた仕事がしたい！」という世界です。

だからこそ、「私にはこういう特徴があり、こんな成果が出せる！」と一言で言える、あるいは相手が簡単に効果やメリットを類推できる情報がないと、仕事がなかなか回ってこないのだと思います。繰り返しますが、講師という仕事は、そもそも「選ばれて」するミッションです。企業や相手が困っていることがある。達成したいゴールがある。そのための手段として、セミナーや研修、コンサルティングという方法を選択し、「講師」という役割・仕事が発生するのです。もちろん講師の提案を受けて研修やコンサルティングをすることはありますが、それは提案が「選ばれて」実施されるものです。相手が困っている、その相手が誰かに助けてほしいと思う、そして誰か助けてくれる人がいないか探して、そこで初めて講師という仕事が発生するのです。

セミナー・研修講師は、基本的には、セールスしにくい商品といわれます。自身で自分のよさを語っていくというのはとてもやりにくいことです。だからこそ、**相手に「選ばれる理由」や「選択肢」、もっといってしまえば、相手にとっての「言い訳」をこちらがつくってあげる**ことが重要です。

その他、自分の価値を第三者に語らせることも重要です。例えば、売り出したい本人がお金をかけて出す広告と、第三者が取り上げた記事や商品紹介のどちらが、信憑性が高いでしょうか。第三者が評価した話のほうが好意的に捉えられやすいのは、誰もが知るところです。

それは、講師・コンサルタント業でも同様です。自分目線のアピールは通じにくいものですが、第三者のお墨付きである経歴や学歴、各種褒章、資格、実績などの権威が効果を発揮します。そして、この業界に限ったことで言えば、他の研修会社での登壇履歴や登録、セミナー実施実績、著名企業での実績、著書、記事連載実績などが大きな判断材料となることでしょう。

「先生業」という間違いや要望を指摘されにくい立場にいる危険性

そして、講師やコンサルタントという「先生業」にとって、最大の落とし穴があります。それは、**「問題点」や「課題」を周りから指摘されにくい立場にいる**ということです。自分が講義を聴く側だった頃や学生時代の気持ちを考えてみてください。「先生はここが間違っています。先生の課題はこれですね」などと言える生徒は、稀だったのではないでしょうか。

これは研修講師の世界でも同様です。受講生や研修を発注される企業の担当者からは、何も言ってこないことも多いのです。クライアントや研修・セミナー会社からは、間違いや問題点を指摘しにくいものです。指摘されないと、どういったことが起こるのでしょうか。それにより、クライアントは研修やコンサルティングをより正確に行うための情報を伝えにくくなり、講師との関係性が表面的になってしまうという危険性があるのです。例えば、受講生の研修内容への理解が十分でなかったことを講師にフィードバックしたいと考えるのですが、「先生業」である講師に遠慮してしまい、その情報を出さなくなってしまったということはよくあるのです。

当たり前ですが、「先生業」であることは悪いことではありません。しかし「先生業」という役割・ステージであるがゆえに、相手が言いにくくなる、遠慮する、割り引いて言ってくる、ということを理解していただきたいと思うのです。クライアントやエージェントは、実際の半分ぐらいしか本音や率直な意見は言わないということを理解しておくことが重要です。

ここまでは、「先生業」であるがゆえの「相手側」の視点をお伝えしました。もう1つは、「先生業」であるために「自分から発生する問題・危険性」です。

講師やコンサルタントという役割・立場は、よくも悪くも基本的に「存在を頼られる」「期待される」ところにあります。すると、当然、先生業としての機能・言動により、相手の期待に応える具体的な問題解決を行っていくことになるのですが、それがそのうち勘違いを生みます。私は「頼られる存在である」「クライアントから期待されている」という状況が、私は「スゴイ」「できる」「エライ」というように勘違いしてしまう危険性があるのです。

私自身、中小企業診断士という資格での仕事や、エージェント時代にも研修講師として登壇していたことから、この危険性を身をもって体験しました。自身の役割への期待と自分のポジションを勘違いして、天狗になってしまったことがありました。その後、その信頼や期待を取り戻すのに大変だったことがありました。このとき、先生業は一度その評価を落とすと危険だと実感したのです。

先生業という役割は、お客様に求められる重要な役割です。その一方で、こうした先生業の危険性を自覚して、身を引き締める必要があるのです。

講師やコンサルタントの業務は、自己成長をもたらす

ここまで、講師・コンサルタントをめぐるさまざまな問題や課題について見てきました。とても難しい仕事であること、より一層の研鑽が必要な立場であること、そして自身を律して意識や言動など留意する必要があることをご理解いただけたかと思います。

すでに講師業として一本立ちされている方、コンサルタントとしてこれから新たな世界へチャレンジされる方、そして、今後、研修講師・コンサルタントを目指している方へ、どうしてもお伝えしたいことがあります。それは、この世界はとても厳しいが、相手のためになるうえに、自身の鍛錬・修行研鑽には最適な職業であるということです。

「教えることは、学ぶこと」という言葉があります。

研修講師をして相手の課題解決に奮闘することで、相手から感謝されます。さらに講師料という報酬をいただけます。そして、自分の問題点や今後の課題、そういったものに気付く=学ぶ機会を、仕事をしながら頂戴しているのです。お金をいただきながら、成長していける、そんな仕事です。

厳しく、そしてハードワークが求められる世界でありますが、仕事を通じて、報酬や評価、そして自己学習にもつながるというよさを強調したいと思います。私自身も、一番成長した時はどこかと問われれば、1人で研修講師をしていた頃や、コンサルタントとして1人で企業に入った時の場面を挙げるでしょう。

自分の仕事が評価され、次の仕事につながった際の喜びは大きいものです。講師という自分自身の頑張りももちろんですが、そういった環境を提供してくれたクライアント、仕事を仲介してくれたエージェント、そして自分の講義に耳を傾けてくれた受講生。彼らに対する感謝や恩恵への念は、報酬をいただく以上の喜びがあるでしょう。

講師やコンサルタントの仕事は、自己成長、受講生やクライアントの問題解決への貢献、そして人間的交流も含めた互いの成長にもつながっていく、素晴らしいものであると思っています。

2章

研修・セミナー業界のことを理解しよう！

まずは、この業界を知ることが第一歩

前章では、講師業の落とし穴についてお話ししました。その一方で、この職業ならではのよさなどについてもお伝えしました。では、次は「どうしたら売れる講師になれるのか」といきたいところですが、その前に、敵を知る、つまりこの業界のことを知ることが重要です。

「敵を知り、己を知れば百戦危うからず」

このことわざ通り、講師を志す方は研修業界を知り、そして企業やセミナー・研修会社のことをまず知っておく必要があります。「業界を知り」「相手を知り」「パートナー（エージェント）を知る」。そのうえで自分（己）に何が必要か、どうしていくかを考えましょう。講義スキルはどうするか、提案書をどう仕立てるか、営業はどこからするかと、性急に答えを求めがちですが、対策や打ち手に安直に走ることはおすすめしません。

例えば、この世界は曖昧な言葉が非常に多い業界です。「セミナー」という言葉1つとっても、聞く側にとってみれば、「講演」をイメージする人もいれば「研修」をイメージ

する人もいます。また「ワークショップ」のようなインタラクティブな場を想像する方もいます。それが明確でない状態で、営業に出たりホームページで訴求しても、うまく伝わりません。

そして、この世界にはプレイヤーがたくさんいます。まず「エージェント」という存在がありますが、その役割・機能をご存知でしょうか。一般的には代理店と訳され、セミナー会社、研修会社、広告代理店など、企業から仕事を請け負って、講師に仕事を依頼する立場です。ベンダーとも言われます。講師業を語る際には、欠かせない存在です。

そのエージェントも多種多様で、その性格や特徴は異なります。販売先が大企業か中小企業かあるいは一般消費者相手なのか、研修プログラムやテキストのパッケージをもっている研修会社なのか……。

このように、**言葉の定義や示すものが非常にあいまいであるため、まずこの業界についての共通認識がなければ相手との話が進みません。**そのうえで販売先の特徴に応じた戦略や対応が求められてくるのです。本書では、普段なかなかうかがい知ることができない、企業の研修発注者の声、そしてエージェント内部の声などをお伝えしていきます。

「セミナー」と「講演」「研修」の違いって?

最初にクリアにしておきたいのは、「セミナー」と「講演」「研修」の違いについてです。この差異についてでは、「明確な定義がない」というのが答えです。筆者も、さまざまな方に聞いたり調べてみました。しかし、その答えは人によって異なっていたり、あいまいなイメージに終始しがちでした。そのうえで、筆者が収集した情報をもとにまとめてみると、次ページの表のような違いがあると結論づけました。

このように分類しますと、講演は、大人数相手に講師が一方的に短時間でお話をするスタイル。セミナーは、言葉の定義が一番あいまいでしたが、違いを取り上げてみると、この表に書いたような特徴となりました。実施時間には比較的幅がありますが、おおむね2~3時間ぐらいで、そのうち講師が8割ほど話をし、残り2割でワークや実践を行うというイメージです。一方、研修は大きく位置づけが異なるようです。主に企業や団体が主催して従業員に受講させるのが一般的です。スキル習得や問題解決がゴールとなるため、比較的時間はしっかり取り、人数を限定してゴール達成を目指すといったイメージです。

講演、セミナー、研修の違い

	講演	セミナー	研修
参加人数	大～ 中人数	中～ 少人数	少人数
参加方法	自主参加 強制参加	自主参加 （一部強制参加も）	強制参加 （自主参加）
実施方法	講師からの一方通行が主体	一方通行だが、一部で討議・ワークを行う	インタラクティブ（双方向性）な教育技法が多い
実施目的	知識獲得 気付き付与	（より相手のニーズに沿った） ・知識獲得 ・気付き付与 ・スキル養成	・問題解決 ・合意形成 （スキル養成、気付き付与からの実践＋行動変革）
開催時間	30分～３時間 比較的短時間	90分～６時間 対象や内容・位置づけによって差が大きい	４時間～３日間、毎月１回を１年など比較的長時間、長期間にわたる
成果指標	・なし ・アンケート ・参加者のコメント	・アンケート ・主催者評価 （自主開催以外の場合）	・アンケート ・アクションプラン ・主催者評価 ・現場上司評価 ・（人事評価）

ただし、繰り返しになりますが、人によって定義は異なるようです。広義では、セミナーは講演も研修も包含するという考え方もあります。また、名称と実際の中身が異なっていることも多いのです。

そして、表の中で特に留意したい点が3つあります。

1つめは「参加方法」の欄です。「講演」や「セミナー」は、自主参加＝本人が講演やセミナーに関心をもって参加してくることが大半です。この場合、参加者は不特定となり、どんな立場、悩みを抱えた方がいらっしゃっているかはわかりません。このため、講師としては参加動機や参加者が抱える悩みや課題を〝想定〟〝推察〟して実施するしかありません。これは難しいものです。講演やセミナーに自主的に参加してくれているので、ある程度は動機を推察できるはずですが、当日の本番で、なんとなく「こういった悩みをおもちかな？」と観察や質問をしながら推察するしかありません。

一方、「研修」はほぼ企業内で行われるため、相手は特定できます。事前に参加者リストを渡され、研修を企画した事務局から「このような状態のメンバーです」「このような課題があります」などと説明してもらっています。また、この企業が抱える課題についても事前にある程度調べられます。店舗があったり、商品を購入できるクライアントの場合は、売場に行ったり、購入して体験することもできます。このように、研修は相手をある程度理解したうえでスタートできるのです。

2つめは「実施目的」の欄です。

講演は、イメージ通り、あるテーマについて講師が一方的に伝えていくスタイルが主流です。伝えていく中で、聴講者に「気付き」や「知識」を与えることが目的です。

セミナーは、講演よりも〝双方向性〟があることが多いでしょう。参加者に発表してもらったり、ちょっとしたワークをする、体験型のセッションが入っていることもあります。セミナー実施の目的は問題解決となるわけですが、より具体的に、相手のニーズに沿った問題解決を行う点が講演との違いではないかと考えます。あるテーマに関心や期待をもって参加した方へ、知識や気付き、そして具体的なスキルを付与することで問題解決しているのです。

では、研修はどうか。これは明確です。企業や組織が抱える問題を解決していくことが、最大の目的です。間違えてはいけない点が、企業に所属する「個人の問題解決ではない」という点です。研修を企画し、かつ多角的・論理的な意思決定をしている、主催者の問題を解決することが先決です。その目的を達成するために必要ならば、参加者個人の問題も解決していくという順番で考えるべきです。

詳しくは5章でお伝えしますが、講師は誰のために役割・機能を果たしているのかと質問すると、「受講生・社員のため」と答える講師がいらっしゃいます。もちろん、それは間違っていません。しかし、一番に考えるべきは、自分自身に報酬を支払う、あるいは意思決定をしている〝企業そのもの〟のために役割・機能を果たすべきです。そのうえで、研修目的を達成するため、受講生や社員のために役割・機能を果たすと考えるべきです。

3つめは「成果指標」です。

「講演」では、あまり成果指標を取りません。あったとしても、簡単なアンケートが参加者に配布され、その記述内容を参考程度に見るだけのようです。つまり、企画して実施した段階でほぼ目的は達成された、ということになるでしょう。参加者が、講演を聞いて何か変化したとか、実践したなどの成果は問われないのです。講師にとっては、事前の準備と当日のパフォーマンスがすべてです。ですから、その後について考えるよりも事前の準備に力を入れたいところです。

「セミナー」はどうでしょう。セミナーには、ほとんどの場合「アンケート」という成果指標があります。特に自主開催ではなく、主催者が別にいて、講師を依頼している場合は9割方活用されているようです。参加者の満足度、講師への評価、セミナー内容の実践意欲などについて、スコアでの定量評価、コメントの定性評価があります。この内容は、そのまま講師へフィードバックされることがほとんどです。アンケートの評価はそのまま、講師の評価にも直結します。アンケート以外にも、主催者も別の視点から評価を行うことがあります。セミナーの主催者としての開催目的が達成できたかどうか、それを推しはかるのです。次に仕事で呼ばれるかどうかは、この受講生のアンケートと主催者評価にかかっていることが大半です。

そして「研修」です。研修では、ほぼ１００％「参加者アンケート」があります。セミナーと違って、かなり記入欄や記入量が多く、重要な指標となります。アンケート以外に、受講生が記入する「アクションプラン」も成果指標として主催者は活用することがあります。受講生が研修を受けて、自身の目標設定や現場での課題取組みについて、いつ、何を、どのように実践するかをリストアップし、スケジュールに落とし込んだものです。これは、研修が単に知識習得やスキル養成にとどまらず、より現場での問題解決を志向していることを物語っています。その他、セミナーと同様に「主催者評価」も欠かせません。主催者は企業の抱える問題解決に、実施した研修がどれだけ貢献したか、その成果を自身で測定するわけです。このように、研修では多くの成果指標が設けられていることが多いのです。

「講演」「セミナー」「研修」の違いについて、定義が若干あいまいで、共通化されていないことをお伝えしてきました。ここで**重要なことは、仕事の依頼を受ける際に、相手と**

言葉の定義を確認する必要があるということです。「セミナー講師をお願いします」と言われても、もしかしたらそれは、大人数向けの一方通行型の講演かもしれません。あるいは、企業内の特定部門向けのスキルトレーニングかもしれません。こうした場合、発注者と講師の間で言葉の定義を共有化しておかないと認識違いが生じてしまうのです。

その理解が共有できたうえで、「人数・規模は？」「開催の意思決定者は誰か？」「実施方法は？」「実施時間は？」そして一番大事な「実施目的」について確認しましょう。成果指標は、講師にとっては聞きにくいので推測してみます。この5点を丁寧に確認するだけでも、主催者は「この講師はわかっている！」と感じることでしょう。

個人向けのセミナー・講演と法人向けの講演・セミナー・研修

個人向けセミナーはB2Cセミナー、法人向けセミナーはB2Bセミナーとも言われますが、対象が個人か法人かという違いは、講師にとっても大きな違いとなります。

まず、個人向けセミナーですが、一番の特徴は、個人が自腹で参加するものであるという点です。このセミナーに参加したいな、と思って自分の財布からお金を出して参加するわけです。もちろん、自腹での参加ですから、いやいや参加したり、嫌いな講師に会いに行くなんてことはありません。知識を身につけたい、悩みを解決したい、あるいはその講師に会いたい、といった動機があって参加しています。

重要な点は、セミナー参加の意思決定をするのは本人であるという点です。それゆえ、セミナーや研修の参加後、報告義務や経費精算などはありません。自分の中で満足すればいい、あるいは、自分が今後行動・実践していければよい、という形の活用方法となります。

この個人向けセミナーの場合、参加者は比較的自由に、参加・不参加の意思決定をするでしょう。意思決定者が本人であるため、誰かに許可を取る必要がないからです。

また、その意思決定にあたって「感情」や「他人の意見」が入ってくることが少なくありません。「何となく参加した」「タイトルに惹かれて参加した」「友人が参加するから参加した」という、非論理的な意思決定が多々行われているのです。また「会場が古いから行かない」「講師の写真が気に入ったから参加する」というように、セミナーの内容や問題解決とは直接関係ないことも判断材料になります。

ですから、**個人向けセミナーの参加意思決定は、中身よりも感情が優先される**こともあると考えておきます。告知や集客の際にも、感情や他人に扇動される部分がある、という

B2Cセミナーと B2Bセミナーの違い

	個人向けB2Cセミナー	法人向けB2Bセミナー（研修）
費用支出	自分の私財（財布）から	会社の経費（教育予算）
参加承認	ない。本人の意思	上司の承認
参加 価格帯 （1人当り）	比較的安価 通常3000円～1万円 高額でも3万円	高額 半日　5000円～5万円 1日　1万5000円～8万円
テーマ	自分の興味関心・悩み解決につながるテーマ	企業、部門の抱える問題解決につながるテーマ
参加者の 情報取得 方法	個人のホームページ FacebookなどのSNS セミナーポータルサイト	法人向け研修会社の案内（ネット、DM、チラシ） ポータルサイト 人的営業（口頭説明）
参加動機	テーマへの個人的興味・関心 講師自身への関心 参加者同士への交流関心	講師への関心よりも、自社の具体的な課題解決へつなげるための情報収集、動機づけ、知識習得、スキルアップのほうが大きい
意思決定	感情面>中身	中身の信憑性、効果性
参加後の 活用	自己満足でもOK 自分で実践する	ほぼ、会社への報告義務がある 社内で共有することもある

ことを考慮すべきなのです。webやSNSを使った告知・宣伝に際して心得ておく点でしょう。

そしてセミナーに不満足だった場合、不信やクレームにつながりやすいのも事実です。参加の意思決定が感情的、感覚的なため、期待に反した内容であった場合には感情的なクレームにもなりやすいことを心得ておいてください。

一方、法人向けの講演・セミナー・研修は、企業が会社のお金を使って、主に社員をトレーニングするために実施するものです。企業（＝経営層）が社員向けに実施するために、「強制参加型」が多いことが特徴です。経営層の意思決定にしたがって、企業の目標達成のために、社員をある特定の期間、特定のテーマの研修に参加させるわけです。すると受講生のマインドはどうでしょう。仕事がたまっているのにも関わらず、1日〜3日、拘束され、参加意欲が高まらないまま研修に参加させられている、などということも多いのです。

法人向けセミナーの場合、講師の提案やプログラムが、その企業の抱えている問題の解決にどれだけ役立てられるかという点が最大のポイントです。いくら著名な講師や魅力的な提案・プログラムを提供したとしても、問題解決に資するか否かがさまざまな角度から分析・検討されます。実施費用についても、会社という組織のお金であるため、**多くの関**

係者が意思決定に関わり、ある程度時間をかけて検討されます。セミナー参加や研修実施のための**意思決定が、論理的かつ分析的**なのです。

また、実施後も、研修受講生がアンケートを書いたり、現場で報告して共有したり、事務局が実施レポートをつくったりと、さまざまな形での会社への報告義務があります。会社が投資したことに対する評価素材を受講生（社員）を通じて入手するという位置付けとなるからです。

セミナー・研修参加者の隠れた動機（インサイト）

セミナーや研修への表面的な参加目的とは別に、知っておきたいことがあります。それは参加目的が表面に現れた理由だけではなく、場合によっては深層心理に隠された理由もあるということです。

例えば、「こんなに勉強している私って、頑張っているでしょう」という心理。あるいは「職場以外にも勉強仲間がいることをＰＲしたい」という気持ち。はたまた、会社以外の参加者との交流を通じて「私は会社以外での仲間にも受け入れられている」という思い。

どんな気持ちを抱いているかは人それぞれですが、その心理にも階層があるのだと私は分析しています。有名な「マズローの欲求5段階説」を引用して、考えてみましょう。最下層の欲求から考えてみましょう。さすがに、底辺の「生理的欲求」はセミナー参加という話では少し関連性が低いのですが、あえて言いますと「生活に困っていて就職するためにスキルを身に付ける」というレベルです。この場合、セミナー参加が生活に直結するということです。ハローワークで行われる就職説明会などが、それに近いのかもしれません。

1つ上の段階は「安全欲求」つまり、安全・安心な暮らしがしたいというものです。たとえるならば、会社からクビにされないために研修に参加している、強制なのでいやいや参加している、などの状況が思い浮かぶでしょう。

「社会的欲求」とは、集団に属する安心感や仲間になりたい欲求のことですが、「職場以外で勉強する仲間に出会いたい」「社内の他部門の人とも仲よくやっていると感じたい」気持ちなど、セミナーや社内研修を受ける際にも、集団に属したい、仲間でいたい、という思いをもつケースがあります。講師としては、こうした参加者がいるようであれば、和を尊重した発言や運営を取り入れるほうがいいかもしれません。

セミナー受講生の参加目的分析

マズロー欲求5段階説

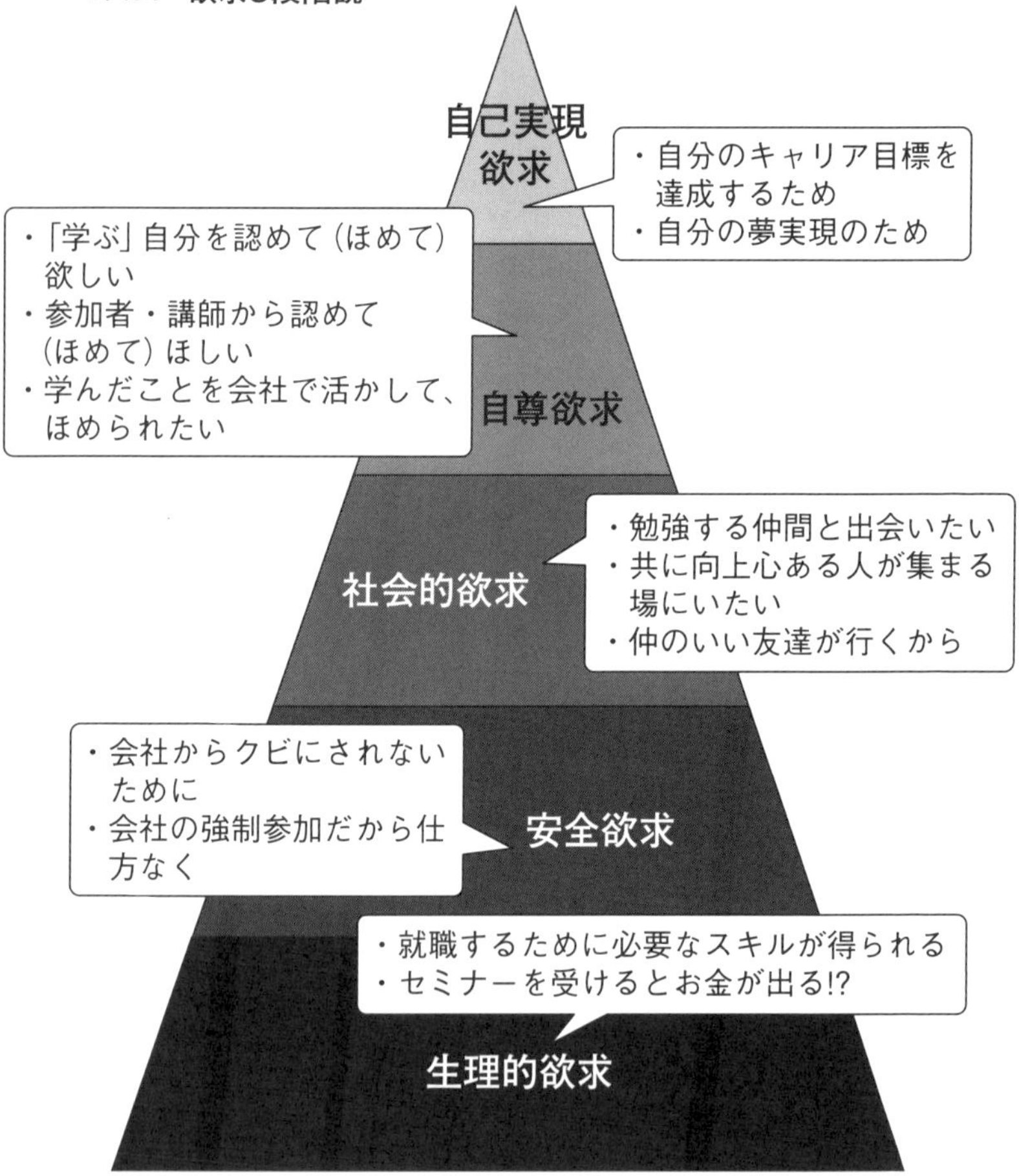
自己実現欲求
・自分のキャリア目標を達成するため
・自分の夢実現のため
・「学ぶ」自分を認めて（ほめて）欲しい
・参加者・講師から認めて（ほめて）ほしい
・学んだことを会社で活かして、ほめられたい
自尊欲求
社会的欲求
・勉強する仲間と出会いたい
・共に向上心ある人が集まる場にいたい
・仲のいい友達が行くから
・会社からクビにされないために
・会社の強制参加だから仕方なく
安全欲求
・就職するために必要なスキルが得られる
・セミナーを受けるとお金が出る!?
生理的欲求

「自尊欲求」とは、他者・集団から認められたい、尊敬されたいという思いのことで、社外の個人向けセミナーでは、この動機は多いのではないでしょうか。「セミナーに参加している私は頑張っている」「難しい勉強に参加している私はすごい！」「自分は社外でも活躍している！」といった気持ちです。認められたい、ほめてほしいという思いです。当然、講師から認めて（ほめて）もらいたい。他の参加者からも認めてほしい。さらにセミナーに参加していない知人からもほめてもらいたいのです。講師としては、参加者に発表をさせてほめる、グループワークを建設的な雰囲気に保つことなどで、この欲求を満たしていくことができます。

最後は、最上位の「自己実現欲求」です。この欲求は、自分の能力を開発しながら目指す創造的活動をしたいという思いです。「創業という自分の夢を果たしたい」「資格取得というキャリア目標を達成する」といった欲求に対して、最大限のパフォーマンスを講師が発揮すればよいのです。今までの欲求のように、運営やワーク、参加者同士の交流に気を使う必要はありません。参加者の目的にストレートに応えてあげればよいのです。

このようにセミナー参加者の心理には本音と建前があり、主催者や講師の意図とは異なる思いを抱いているケースは少なくありません。みなさんが参加者側だったときのことを思い出してください。心当たりはないでしょうか。

では、実施側の講師として、この状況をどう考えればいいでしょうか。**人がセミナーに参加するにあたっては、〝表の理由・動機〟と〝裏の深層心理〟の両面がある**と理解しておくことです。その心理には5段階ほどのタイプがあり、同じセミナーでも参加者によって抱く思いはさまざまであるというポイントを押さえておけばいいでしょう。この深層心理を理解しておけばセミナーを自身で企画実施する際に、告知文、案内キャッチコピーづくりにも役立つことでしょう。

講師が登壇する場にはいろいろな種類がある

今までは、主に講師のみなさんが思い浮かべる、セミナーや研修のステージについて紹介してきました。ただ、主催者や実施目的を考えると、この他にも講師が登壇できるステージはいくつかあります。

みなさんが通った小中学校や高校・大学の講師もその1つでしょう。専門学校・予備校の講師も同じです。企業が実施する研修・セミナー以外にも、イベント・展示会などで開催される「ミニセミナー・ミニ講座」での登壇もあります。その他、新聞社や出版社が主催するセミナーもありますし、公民館などで行われる趣味文化などに特化した教養型のセミナーもあります。

そして、講師本人が自分で開催する自主セミナーというステージがあります。自分で企画して、集客して、登壇してと、すべての業務を行うわけです。その延長で、誰かと共同で実施する合同(コラボ)セミナーもあります。また、仲間内での勉強会のようなステージもあるでしょう。

ここでお伝えしたいことは、3つあります。

1つめは、多様なステージがあるので、あまりこだわらずに身近な場から挑戦してみてはどうかということです。企業向けのセミナーや研修のステージを目指したいと思うのは当然です。しかしそこだけではなく、さまざまなステージで実績や経験を積んでいくのもいいのではないでしょうか。

2つめは、主催者によって開催目的・意図が異なることをしっかり理解しておくということです。例えば、セミナーであっても、主催者が「とにかく多くの人を集めたい」のか「何かの商品を買ってほしい」のか、あるいは「単に参加者同士が交流する場にしたい」のかといった目的や意図をしっかり把握しておくことが重要です。講師が話す内容、参加者との関係性のつくり方、そして場の雰囲気づくりなどにも大きく影響してくるからです。

3つめは、自主セミナーを頻繁にやりすぎないことです。これは、異論があるかもしれません。しかし、企業向けの講師・コンサルタントを目指しているのに自主セミナーばかり実施していると、安っぽく見えてしまうのです。それはなぜでしょうか。

通常、講師は、主催者から呼ばれて登壇するのが基本的なスタイルです。主催者が別にいて、そして先生業として講師は登壇するわけです。それが、自主開催ばかり行っている場合、自分で自分という商品を売り込んでいるようにも見えるのです。悪い言い方をすれば「自分を売り込まなければならないほど、仕事が少ないのか」とも映るのです。

もちろん、デビューしたての頃は、自主セミナーを開催していくことには異論はありません。また、売れてきてから、今までの感謝や恩返しのために自主セミナーを実施するのはよいことだと思ってもいます。しかし、デビューして数年経ってからも、自主セミナーばかり開催してPRしているようだと、自身の講師というブランドを毀損してしまわないか、と考えるのです。

業界の規模や構造を知る

ここからは、この業界の規模や構造、特徴などについて概観していきます。

まず、個人向けのセミナー・研修の市場ですが、そのまま当てはまる業界データがありません。そこで、内閣府経済社会総合研究所による「消費者動向調査」の「自己啓発」に当たる項目を引用します。これによると、２０１３年前半までは、支出を減らす意向の方が強い（減少傾向）を示していましたが、同年後半からは増加に転じています。なお、自己啓発の内訳は、英会話、茶道、着付け、料理学校、アート、パソコン学校等で、個人がセミナーや勉強会などへ参加したい、学びたいという意欲は高まっている傾向にあるといえるでしょう。

では、法人向けの教育ビジネスはどうでしょう。矢野経済研究所の調査によると、２０１３年の市場規模は４７９０億円でした。この市場、他の市場と比較すると規模がよくわかります。日本で一番大きい業界である自動車・関連製造業が60兆円、もう少し小さい業界で、旅行業界が６兆円、これらと比較すると、法人向け教育ビジネスは小さな業界であることがわかると思います。法人向け市場は減少が続いていましたが、2013年度からは回復傾向にあるようです。対前年比2・6%増加と、リーマンショック（2008年）、東日本大震災（2011年）を経て、4500億円まで減ってしまった市場が回復しているようです。さらに2014年はさらに増加して5000億円、2015年は5200億円とさらなる伸長が予想されています。これは、企業における投資余力が増えたことや、人材育成への重要性・必要性の意識が高まってきたこと、そして提供するサービス事業者の質が向上してきたことなど、複数の要因が考えられます。

次に、法人向け教育市場の内訳を見ていきましょう。

まず、企業研修の対象者ですが、圧倒的に「新入社員研修」「若手社員向け研修」が多く、次いで「管理職向け研修」「管理職前後の研修」となっています。新入社員研修は、95%の企業が何らかの方法で導入しているというデータもありました。

研修のテーマとしては、「グローバル人材育成関連」「女性の活躍をテーマとした研修」「IT関連の研修」が増加傾向です。日本の人口減少と企業活動のグローバル化の要請から、「グローバル人材育成」のテーマは今後も安定的に増えていくことでしょう。その内容も、昔からある語学研修や海外赴任前の教育にとどまらず、現地でのリアルなマネジメントの実践を念頭に置いた内容であったり、いきなり海外に赴任させて実地でビジネスを行うといった方法まであるようです。

「女性の活躍テーマ」も、今後ますます伸びていくことと思われます。女性の就労人口の増加、そして政府をはじめとした女性管理職登用や職場拡大の動き、産休育休後の学習・労働意欲の高まりなどから、このジャンルもさらに拡大していくことでしょう。

このような全体市場拡大の一方で、「企業による研修の内製化」「外注単価の下落」といった傾向も矢野経済研究所の調査報告からうかがえます。「内製化」とは、社内の講師・トレーナーを活用した研修を推進・拡大することです。つまり、これまで外部に依頼していた研修を社内の講師が行うということです。

また「外注単価の下落」とは、言葉そのままの意味ですが、これには原因が2つあるようです。外部講師に依頼する際の研修単価が下がっているということが1点。つまり業界内で値下げ競争が始まっているとも受け取れます。もう1つは、eラーニングに代表される代替コンテンツに置き換わっている、ということです。集合研修で外部講師にお願いしていたものをeラーニングに変更したら、コストが3分の1になったこともあるようです。外部の研修講師にとっては、逆風が吹いていることを示しています。

企業が研修にかける費用について、産労総合研究所の最新データでは、2014年の1人当たりの教育研修額は4万684円となり、2013年の3万8337円に比べ増加しました。今後の見通しは、「現状維持」が49・1％、「今後は増加」が37・7％とおおむね横ばいあるいは増加傾向を示しています。その内訳も、従業員1000人以上の大企業では大きく増えないものの、999人以下の中小企業で単価が上がっています。テーマ別では、「新入社員教育」「初級管理者教育」などの階層別研修は安定して80％以上で実施され、その他では「選抜型幹部社員研修」「技術職・技術者教育」などに重点が置かれています。

こうした市場動向を総合して考えてみると、企業向け研修の市場では、3～5年後を見据えた環境変化に対応する特定のジャンル・テーマに重点が置かれる一方で、優先順位が低い対象者、ジャンルは実施回数も絞られ、単価も下がってきていると捉えられます。

このように**企業向け教育マーケットは全体的に成長傾向にあるものの、競争激化や単価下落**しているゾーンもあるといえます。

「エージェント」とはどのような存在か？

そして、このセミナー・研修業界に欠かせない存在をいくつか説明しておきましょう。

「セミナー会社」「研修会社」という存在、通称「エージェント」「ベンダー」について説明しましょう。エージェントという言葉自体は「代理店」という意味ですが、研修・セミナー業界においては、代理業というよりは、より主体的なビジネスを行っています。詳しくは次章で説明しますが、「エージェント」にも多種多様な存在、機能があります。大きく分けると、「セミナー会社」「研修会社」「講師紹介会社」の3つのタイプがあります。

「セミナー会社」とは、一般的に、公開・公募型のセミナーを自主的に企画開催している企業です。セミナーへの参加者を広く募り、多くの集客を目標に営業をしています。

「研修会社」とは、主に企業内の研修を受託している企業です。研修を受注するために、宣伝ＰＲ型のセミナーを行い、企業へ提案営業活動を行っています。企業研修を行う講師は、研修会社内の講師の場合と契約している外部講師の場合があります。

「講師紹介会社」は、どちらかというと受託型の業務を行っています。自社の登録講師に対して講演やセミナー、研修の依頼があれば、講師を紹介して紹介手数料をいただく形のビジネスです。

さらにエージェントによって、得意テーマ、得意販売先、得意販売階層、参加費の徴収方法、価格帯、開催頻度などが異なっており、企業もその特徴に応じてエージェントを選択して活用しています。比較的、参入障壁の低い業界のため、多くの研修・セミナー会社が存在し、のれん分け、独立、新規参入も活発です。

ではこのエージェントとは、どういった機能を提供しているのでしょうか。それは、「講師に代わってセミナー参加者を集める」もしくは「企業からの研修の仕事を請け負ってくる」機能といえます。セミナー会社であれば、セミナーの企画を立てて、自社が持つリストをもとに参加者を集めます。セミナー用の会場を準備し、実施当日の受付や集金、司会などを請け負います。研修会社であれば、企業に営業をして、研修の仕事を請け負ってきます。そしてさらに講師の人選をし、詳細な研修プログラムを共同でつくり、当日

エージェントとは？

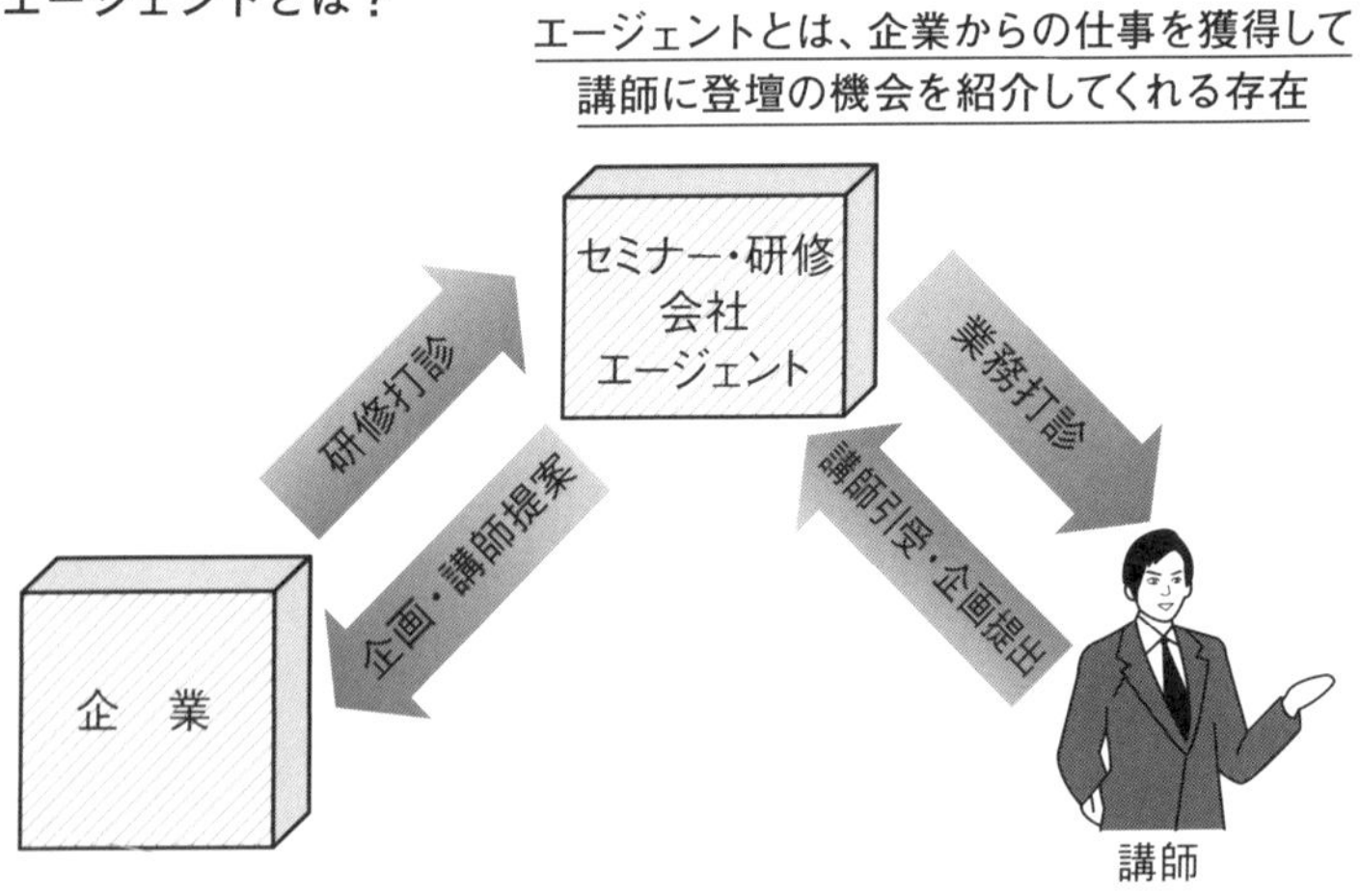

エージェントとは、企業からの仕事を獲得して
講師に登壇の機会を紹介してくれる存在
セミナー・研修
会社
エージェント
研修打診
企画・講師提案
業務打診
講師引受・企画提出
企　業
講師

の研修をアシストする、といった業務を引き受けています。

エージェントは、講師にとってみれば、仕事を取ってきてくれるありがたい存在です。講師にとっての一番のメリットは、「仕事が決定している」ということ。セミナー会社が企画した公開セミナーに講師として呼ばれる、あるいは研修会社が取ってきた企業研修の講師として登壇できるのでリスクは低いのです。自主開催のセミナーであれば、自分で集客をしないとセミナーが成り立たない可能性もありますし、研修を受注するために企業へ直接営業しても、なかなか決まらないことも多いはずです。その部分を、完全にエージェントが引き受けてくれることは大きいのです。その他、当日の運営も任せられるので、講師自身は講義や講義準備に集中できることもメリットです。さらに、著名なエージェントを通じた登壇の機会であれば、そのものが講師の実績となることも大きなメリットです。

一方、見方を変えると、講師にとってエージェントはやや煙たい存在であることも本音でしょう。それは、エージェント経由となると「講師料が下がってしまう」ことが一般的だからです。例えば個人向けのセミナーの場合、セミナー会社は参加費の30～50％を手数料として取っていくことが多いのです。企業研修の場合は、企業が支払う金額から利益を差し引かれています。これは、上記のようなエージェントが果たす機能を考慮すれば納得できるかと思いますが、一方で「いつかはエージェント経由でない仕事をしたい」と思う講師も少なくないことでしょう。下に、エージェント経由のメリット・デメリットをまとめました。

その他、この業界には「研修会場紹介会社」「研修の備品・ツール提供会社」「セミナーや研修に関する情報提供会社」などが存在します。

「研修会場提供会社」とは、セミナーや企業研修を行う際に、適切な会場を貸し出すサービスを行っている企業のことです。本格的なホールから、貸会議室の延長や公民館に近い業態まで、さまざまな会場を紹介してくれます。

「研修の備品・ツール提供会社」とは、ホワイトボードやプロジェクターといったセミナー・研修で必要な備品から、ふせん、模造

エージェント経由のメリット・デメリット

エージェント経由のメリット	エージェント経由のデメリット
集客や営業の手間がかからない	お客様や受講生は選べない
講義準備や講義に集中できる	クライアントからのオーダーが曲解されて伝わることがある
集金のリスクが低い（ゼロ）	講師フィーは直接取引より安価になることが多い
他の企業や仕事を紹介される可能性がある	一度失敗すると、次に声がかかりにくくなる
著名エージェントに登壇するとPRできる実績となる	エージェントによっては、他のエージェントとの兼業を禁じるところもある

紙、ミニホワイトボードなど、演習やワークショップをするために必要なツールを製造販売している企業を指します。そして、このジャンルの延長線上に、「ワークショップの素材ネタを提供する会社」「体感型のゲーム研修を企画製造する会社」なども存在します。

「セミナーや研修に関する情報提供会社」が提供するものは、多くの講師の紹介情報が載っているサイト、自主開催セミナーのポータルサイト、講義方法やワークショップ方法などのやり方を掲示しているサイトなど、中身は多岐にわたります。エージェントが運営している場合や、研修会場提供会社あるいは講師自身が運営を行っているケースもあります。

この業界の特色とさまざまな立場のプレイヤーについて紹介してきました。

次章では、このエージェントの役割機能について、より掘り下げていきます。そして、講師はエージェントとどうお付き合いしていけばいいのかということを中心に解説していきたいと思います。

3章

エージェントを知ることの重要性

なぜ、講師が企業へ直接営業することが難しいのか

前章で、この業界について俯瞰してきました。そしてこの業界には「エージェント」というプレイヤーがいること、そしてそのエージェントを通じるメリット・デメリットについてもお話ししてきました。

そのエージェントの役割をさらに検討する前に、「なぜ、講師が企業へ直接営業することが難しいのか」という点について考えてみます。発注側の論理＝企業や企業の担当者目線になってみるとよくわかります。

①企業はリスクを抑えたい

新規講師を採用することとは、企業にとっては、リスクを取るということにつながります。いくら効果性あるソリューションをもっていても、著書が売れていても、新規講師の採用をためらう担当者は大勢います。まして、既存の講師と入れ替えなどの場合はなおさらです。**担当者には、講師を変えることによる効果などを説明する責任が生じます。**講師は、そういったハードルを越えるための情報や証拠を提出したり、実証していくことが求

められるため、直接営業はハードルが高くなります。

②企業に講師選択の基準がない

そもそも企業に講師を**選択する基準や目安がない**ことも少なくありません。長年、継続して同じ講師に依頼し続けてきたり、外部講師の依頼経験がないケース。また、研修会社任せ続けてきたために、選択眼が鍛えられていなかったり、そのノウハウが社内にストックされていないという場合もあります。結果的に、講師が営業をしても選ぶ側が困ってしまうことになります。

③講師は「売り込む仕事」ではなない

士業やコンサルタントが熱心に営業してきたら、クライアントはどう思うでしょうか。先生業は、「困った際に助けてくれる」「定期的に助けてくれる」存在であり、クライアントのほうから「お願いする仕事」であるという認識が一般的なのです。つまり熱心に売り込みをする講師は、「この先生、仕事がないのかな?」と思われてしまう危険性があるのです。つまり、売込みをすると講師の**ブランド価値を毀損する可能性が高まる**のです。

「できれば企業に直接営業したい」と思う気持ちはよく理解できますが、そこにはこのようなデメリットがあるのです。

なぜ、エージェントを通じて売れる必要があるのか

なぜ、私がエージェントを通じて売れる方法を推奨するか、ここで説明しましょう。

①エージェントが企業ニーズを講師に教えてくれる

一般的に、講師は自身の実務経験や実績から、研修やコンサルティングメニューを編み出しています。すると、ややもするとプロダクトアウト＝つくった側の目線で研修やコンサルティングメニューを営業・告知したくなる傾向にあります。

「私のこのノウハウ、ソリューションは優れている！ 効果がある！」と訴求したい気持ちはよくわかります。しかし、そのまま企業に持っていくと、「当社の状況には合わない」「もうちょっと、うちのことを勉強してから来てよ」といった厳しい反応が返ってくるかもしれません。

私は、そこにエージェントがフォローする機能があると思います。エージェントは、多種多様な企業の方々とお会いしています。そして、日々、研修やセミナーの企画を立てて、開催しています。つまり、企業のニーズを熟知しているのです、今はどういった業界

がどんなことに悩んでいるか、どういったテーマの研修を実施しているか、また、どんなキーワードがセミナー集客に効果的か、などを知っているのです。

プロダクトアウトになりがちな講師が、エージェントを通じて営業する意味がここにあると思います。「いい商品であっても伝われなければ売れない」とよく言われます。

エージェントには、いい商品＝講師の価値を、うまく相手視点にして伝えてくれる機能があるのです。

②企業はエージェントでの実績も判断基準としている

先ほど、企業内部に十分な講師選択基準や選択経験がないこともあると述べました。その場合、企業が活用しているのが、エージェントのもっている情報や知見です。エージェントは、さまざまな講師に関する情報を蓄積しています。各種クライアントでの実施経験、実績、相性、講師の癖、特徴、そして講師価格帯など、多種多様な切り口での情報があるのです。

つまり、企業にとってはエージェントでの活動実績、登壇経験、紹介実績は重要な情報であり、かつエージェント実績があるかないかが大きな判断材料である、と言えるのです。

「エージェントでの実績がある」ということが実績と信頼につながるのです。

③エージェント自身も他のエージェントでの登壇経験を参考にしている

②と同様に、エージェントも他のエージェントでの登壇経験、活動実績を1つの評価基準としています。特に、大手・著名エージェント、自社と競合するようなエージェントでの実績のある講師とは、自社でも提携したいと考えるような働きがあります。大手エージェントを通じた登壇経験は、講師の信頼度を上昇させます。

④エージェントは売り込みに慣れている

講師が企業に直接の売り込みをすると、ブランドを毀損する可能性があると指摘しましたが、エージェントへの売り込みについては、あまり考える必要はありません。なぜなら、エージェントは講師を常に探しているからです。よい講師＝売れる講師は、彼らにとってみれば、よい商品＝売れる商品となるからです。エージェントは、よい講師、売れる講師を探し回っているのです。

エージェントに対しては尻込みする必要はありません。しっかり準備して提案をすればよいと理解してください。

参考までに、企業がエージェントを利用する理由についての調査データをご紹介します（次ページ図）。このデータにも表れている通り、企業側の論理やエージェントの存在意義を考えると、講師が直接企業に営業をするより、エージェントを通じて実績をつくることのほうがメリットがあるのです。

⑤講師のリスク分散に貢献する

講師が1つの企業に入り込んでも、いつかは仕事が終わる可能性があります。いかに優れた講師でも、3年、5年、10年と同じ企業の仕事を続けていたとしても、いつかは終了する可能性は高いのです。経営戦略が変わった、企業の業績が悪化した、他によい講師がいた、あるいは研修担当者が変わった、部門・部署の再編……など、講師への仕事がストップするリスクがあります。

その意味から、ある程度多くのチャネルを用意する、研修、セミナー、講演の依頼が入ってくるような窓口先を増やしておくことがリスク分散となるのです。エージェントとお付き合いしておくことで、リスクを分散でき

企業がエージェントを利用する理由

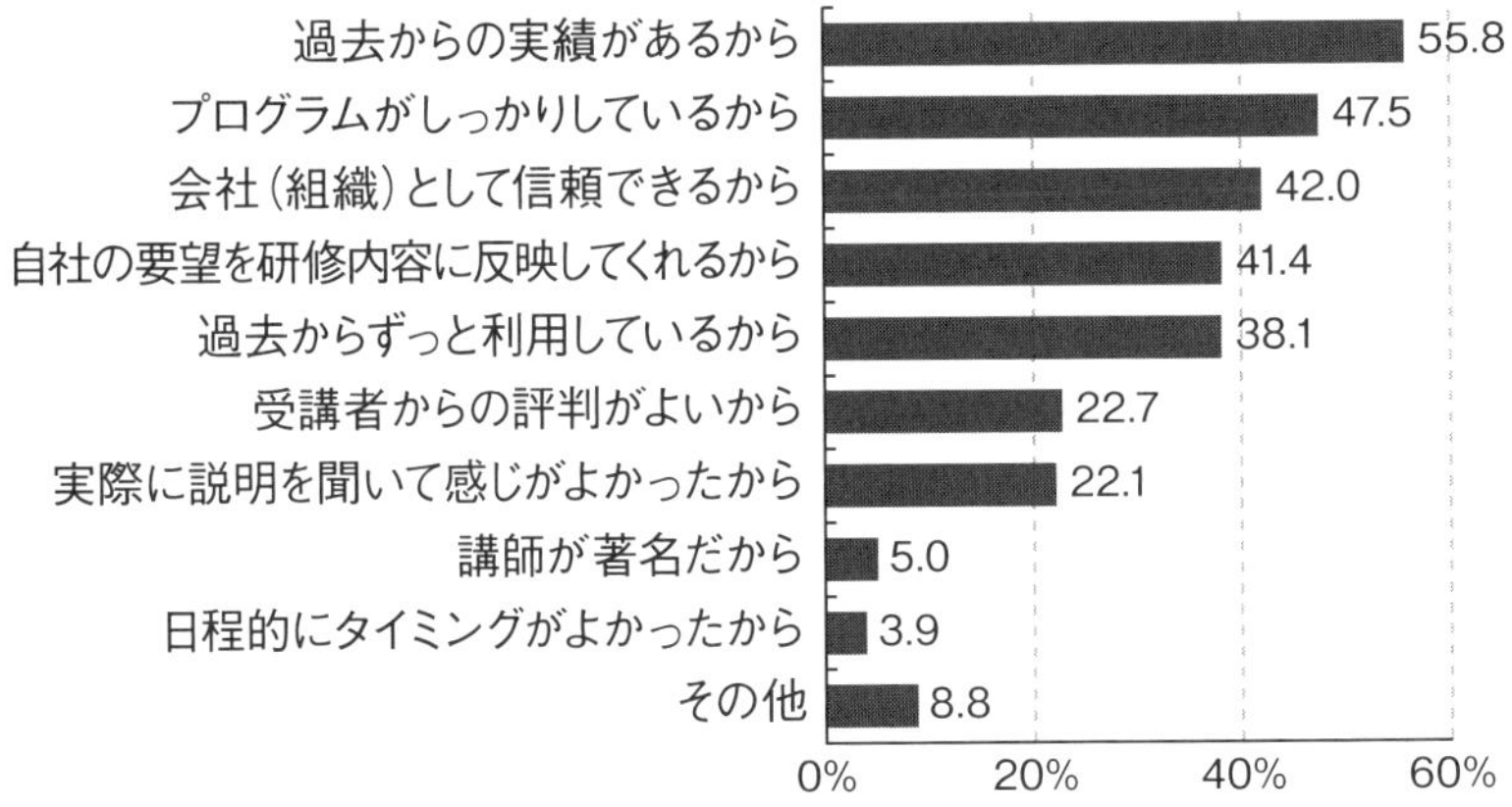
過去からの実績があるから 55.8
プログラムがしっかりしているから 47.5
会社（組織）として信頼できるから 42.0
自社の要望を研修内容に反映してくれるから 41.4
過去からずっと利用しているから 38.1
受講者からの評判がよいから 22.7
実際に説明を聞いて感じがよかったから 22.1
講師が著名だから 5.0
日程的にタイミングがよかったから 3.9
その他 8.8
0%
20%
40%
60%

出所：「企業の教育研修に関する実態調査」（労務行政研究所・2011年）

ると考えられるのです。

エージェントのタイプを分析する

エージェントを利用したほうがよいことはご理解いただけたと思います。それでは、無数にあるエージェントのどこに売り込みをすればいいのか考えていきたいと思います。

前述のように、研修・セミナー会社は無数にあります。著者も調べてみましたが、実数ははっきりと掴めませんでした。

大手エージェントの一例（2015年4月現在）をあげると

・㈱日本能率協会マネジメントセンター　社員数474名
・㈱リクルートマネジメントソリューションズ　社員数374名
・㈱リンクアンドモチベーション　社員数175名

といった社員数が多いところから、一人社長でやっている会社まで合わせるとおそらく1000社以上あるのではないでしょうか。

ここで知っていただきたいのは、エージェントにもいろいろなタイプがあることです。

エージェントの規模の大小による特性

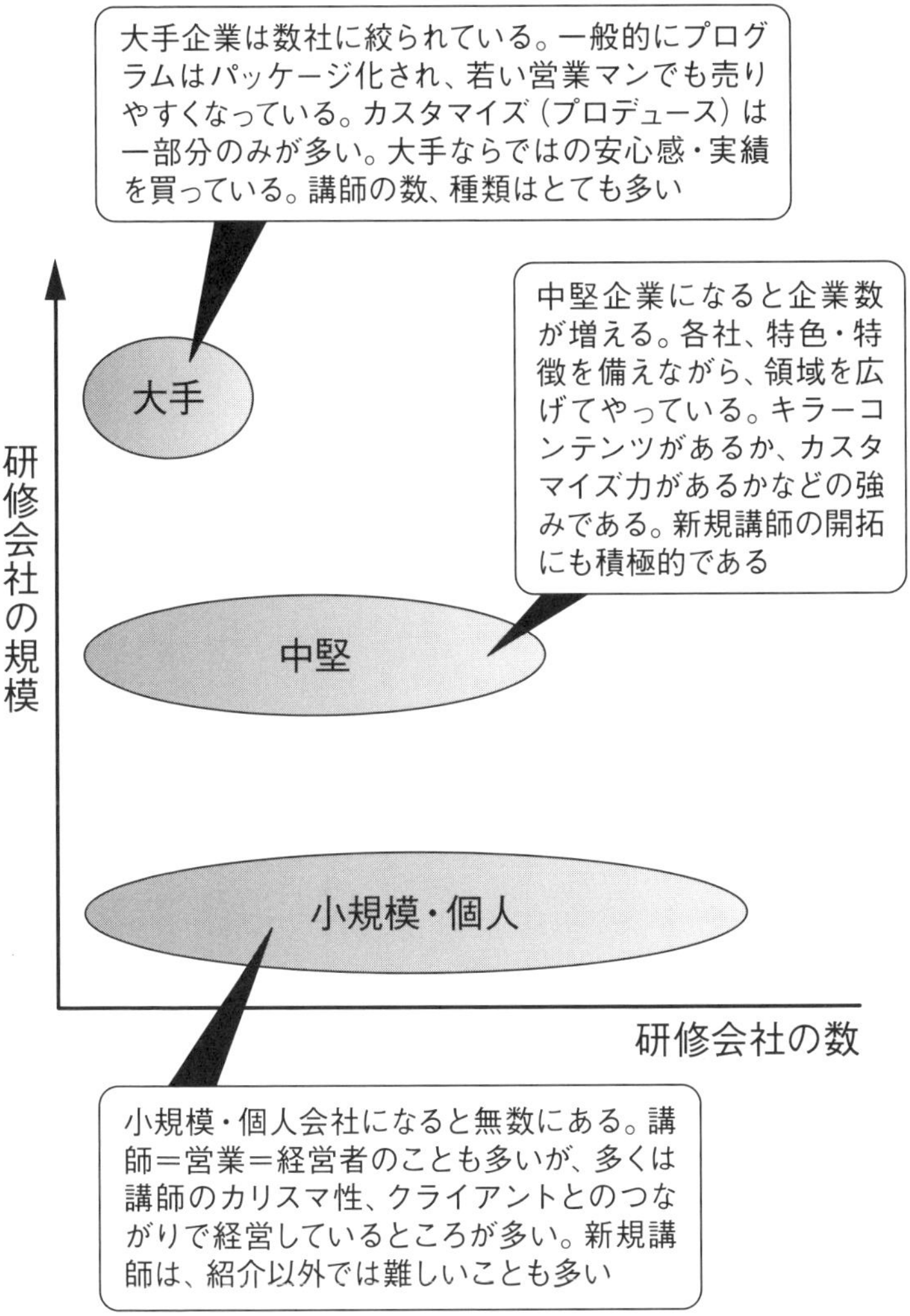
大手企業は数社に絞られている。一般的にプログラムはパッケージ化され、若い営業マンでも売りやすくなっている。カスタマイズ（プロデュース）は一部分のみが多い。大手ならではの安心感・実績を買っている。講師の数、種類はとても多い
中堅企業になると企業数が増える。各社、特色・特徴を備えながら、領域を広げてやっている。キラーコンテンツがあるか、カスタマイズ力があるかなどの強みである。新規講師の開拓にも積極的である
大手
研修会社の規模
中堅
小規模・個人
研修会社の数
小規模・個人会社になると無数にある。講師＝営業＝経営者のことも多いが、多くは講師のカリスマ性、クライアントとのつながりで経営しているところが多い。新規講師は、紹介以外では難しいことも多い

タイプを知らずにエージェントに訪問・提案しても、ニーズが異なることで無駄足になってしまうこともあるからです。エージェントによって、「得意テーマ」「得意販売先」「得意販売階層」「参加費の徴収方法」「価格帯」「開催頻度」などが異なっています。

では、どんなタイプの分け方があるか、ちょっと整理してみましょう。

・規模の大小（著名大手、中堅、中小、小規模零細）
・扱うテーマ（フルラインナップ、特定テーマ）
・対象業界（金融機関専門、ＩＴ業界専門、小売業専門、大企業中心、中小企業中心）
・対象階層（経営者中心、新人〜若手中心、マネージャー教育中心）
・課金方法（定額制、実施回数別、会員制）
・研修技法（講義、事例、ワークショップ、ツール活用型、屋外型など）
・オリジナルコンテンツ（講師持込み型、エージェント保有型）

講師によって専門領域、得意テーマ、研修技法などは異なりますが、エージェントの専門領域、得意テーマ、技法もそれぞれ異なります。ただ、外部からはその細かな違いや特徴がわかりにくいものです。

前ページに掲げた図をご覧ください。

大手企業の数は多くありません。その特徴としては、営業担当者数が多いため、若い社員や経験が少ない社員＝営業経験が少なくても売れるような「研修のパッケージ化」「著名度の高い講師を取り揃えている」ことが挙げられます。大手ならではの安定度や安心感から、講師のネットワークも大きく広がっています。

一方、中堅企業の数は多く、特定領域テーマに強い企業もあれば、カスタマイズ力で勝負している企業もあります。また、新規講師の開拓にも熱心な企業も多いです。

そして小規模・個人企業となると無数に存在し、社長＝講師＝トップ営業という形が多いのです。その多くは他のエージェントからスピンアウトしたか、講師がエージェント機能を持ったかというパターンです。規模拡大を目指している会社は新規講師を採用する可能性が高いですが、経営者が講師もしている場合は、そこまでの時間的余裕がなく、新規講師の採用に力を入れられないケースもあります。

オリジナルコンテンツを求めるエージェント・求めないエージェント

さて、エージェントを理解する際、講師が絶対に着目したい大きなポイントがあります。それは「講師がもっているオリジナルコンテンツを実施する」のか「エージェントがもっているコンテンツを実演する」のか、という違いです。

「講師がもっているオリジナルコンテンツを実施する」エージェントは、講師の唯一無二の経験や実績、そこから編み出した研修プログラム、そして講師の人間性など、総合的に講師のオリジナリティを求めています。この場合、エージェントとしては、オリジナルコンテンツをもっている講師しか採用しません。逆に考えると、エージェントによっては、オリジナルコンテンツをもたないで訪問・提案しても相手にされない、ということです。

一方、研修会社自身が研修コンテンツをもっている場合は話が異なります。研修会社が開発したコンテンツ、ソリューションをそっくりそのまま実演できる、再現できる講師を求めています。そうすると、講師がオリジナルコンテンツをもっていてもいいのですが、エージェントから「変な癖がついている」と思われがちです。講義技法や展開事例、そして話法、研修の進め方など、エージェントが想定する通りにやらないとネガティブに捉えられてしまうわけです。

さて、このエージェントのタイプの違いは、講師にとって大きな分水嶺となります。オリジナルコンテンツを求めているエージェントに訪問する際には、自身の特徴あるキラーコンテンツ、それを証明する提案書や紹介資料が必要でしょう。逆に、オリジナルコンテンツをもつエージェントに訪問する際は、自身がもつコンテンツより「トレーナー」としての活動実績、またはトレーナーという役割を全うする「人間性」「技術」「相性のよさ」といった点をPRすることになります。

この違いを理解しておくことはとても大切です。

エージェント研究の具体的なやり方

このように、エージェントのタイプはさまざまな形で分けられます。この違いを、どうやって見分けていけばよいのでしょうか。

私がおすすめするのは、彼らが積極的に発信している情報を、ある程度の期間、見続けることです。ホームページをくまなく見る、メルマガを読んでみる、開催しているセミナーの一覧を見る、講師一覧を見るなどして、傾向を分析するのです。

すると「どういったテーマが人気か」「どんなタイプの講師が人気か」「社内コンテンツが優先なのか、講師オリジナルコンテンツを多く扱っているのか」といったことが見えてくると思います。

そして、可能ならば公開型のセミナーに参加してみるとよいでしょう。なぜならば、セミナーの中身を聞くことも大事ですが、エージェントがどういったセミナー運営をしているかを知ることができるからです。ネットやチラシだけではわからないエージェントならではの癖や傾向がわかり、講師とエージェントの距離感などがつかめるのです。

そして一番大事なことは、参加することでエージェントの担当者と接点をつくれるということです。中には、外注のアルバイトなどに当日の運営を任せているところもありますが、ほとんどがそのセミナーを企画したり、あるいは講師と仲がよいという担当者がいるはずです。担当者を見つけたら、自分から次のような話を振って、相手の話を引き出していってみてはどうでしょうか。

①今日のセミナーの感想

エージェントが最も気になる点です。アンケートに表れない生の声は感謝されます。お金を払って参加しているのですから、堂々と伝えましょう。

②セミナーの参加意図について

自分が参加したセミナーの集客意図やニーズ、自身の普段の仕事内容などを少し伝えながら、相手の話を引き出していきます。

③セミナー企画の立場の悩みを聞く

これは、セミナー開催の大変さに共感してあげることで、相手から話を引き出す方法です。エージェント担当者も社内やクライアントとの間で悩んでいます。苦労を汲んでもらえるのはうれしいはずです。

こういった切り口で、担当者と数分会話をしたら、あとは「実は私も講師活動をしておりまして」といった形で切り出してみましょう。少なくとも、この日は有料で参加しているのでエージェントにとっては「お客様」です。無下に扱われることは少ないでしょう。しかも、前記①~③の会話によって、相手は心を開いてくれているはずです。

そして、「では、改めて一度ご挨拶に伺いますね！」といって名刺交換できればＯＫ。さらに担当者によっては「どんなテーマをやっているのですか？」といった質問に進むことも多いですし、「こういったテーマに対応できますか」と、いきなり相談に話が進むことさえあります。ここで、事前に行ったエージェントの分析が役に立つのです。

エージェントは履歴書や面談時のここを見ている

エージェントのタイプを分析し、いよいよ訪問、提案活動です。まずは、アポイントを取らなくてはなりません。さっそく電話や郵便、メールなどでアプローチすると思います。その場合、「事前に資料を送ってください」と言われることが多いのですが、その資料を送る際、どんな点に気をつけたらいいのでしょうか。

エージェントには、多数の履歴書・経歴書が送られてきます。週に10通以上送られてくることも珍しくありません。それだけ送られてくると、いくら講師を探しているタイミングでも、全部にしっかり目を通せるでしょうか。

彼らがその資料に目を通す時間は、私の経験や周囲の話から判断すると、1通当たり3〜5分というところです。基本的に「短い時間」で判断されます。繁忙期に送られてきたものは、開封されずにしばらく放置されてしまうこともあります。

もちろん、送っていただければ全部に目を通し全員と面談するというエージェントもありますが、そこに訴求点や相手視点が備わっていなければ、面談してもあまり意味のない結果になってしまうでしょう。

そして、それらの書類には、見栄えのいい華々しい経歴や実績をたくさん羅列してしまいがちですが、これは厳に避けるべきです。「自分視点」ではなく、エージェントの立場を考えた内容にすべきです。つまり、提出先のエージェントに合わせた内容に絞り、図解などを使って記載します。わかりやすく簡潔に書くことが肝要です。

さて、送付した資料をもとにいよいよ面談です。資料にしろ、面談にしろ、彼らは具体的に何を見てチェックしているのでしょうか。筆者は、自身の経験に加え、他のエージェントからも話を聞いてきました。チェックポイントは、次のような点でした。

- プロフィールと提案テーマ（プログラム）の一貫性
- 講師がサラリーマンとして、あるいは専門家として取り組んできた経験
- 自社にないテーマか、これから必要なテーマか
- 提案されたテーマが、他人からの知識ではなく本人が体得したものか
- 講師として売り出す際に、特徴やキャッチコピーなどを打ち出せるか
- 講師としての一所懸命さ、真摯さ
- 講師の鮮度（業界経験や知識が最新のものか）
- 自社のことを理解したテーマやプログラム、提案内容になっているか
- 担当クライアントから見たらこの講師をどう評価するか（第三者として俯瞰する）
- 提案面談だけではなく、実際の仕事でもレスポンスよく対応してくれるか

これを見て、他の業界の営業に対する声と変わらないのではないか、と私は感じました。何が変わらないかというと、やはり「相手視点」があるかないかという点ではないでしょうか。

エージェントが自分という講師をどう売り出せばよいかまでを考えている、エージェントのクライアントまでの視点がある、エージェントの社内事情まで理解している、といった点です。

エージェント10社に聞いた「仕事を依頼したくない講師トップ5」

ここで、私の経験とエージェントのプロデューサー10人へのヒアリングからまとめた「仕事を依頼したくない講師トップ5」です。

第5位　実務経験を十分に活かしたオリジナルコンテンツをもっていないタイプ

これは、著名な資格をもち、士業として長年活動してこられた方などによく見られる話です。テーマは、一般的には士業としてはニーズのある、需要のあるテーマなのかもしれません。しかし、エージェントは特定の企業の問題解決のために動いています。そこでは、どこにでもあるテーマに魅力は感じません。あるいは、他人からインプットされた話をそのまま話されても、その先生に依頼する理由が見当たりません。私たちがほしいのは、講師の血のにじむような現場での実務経験、そこからの学び、気付き、体系化されたロジックなのです。

後付けの知識で仕入れたものではないその講師オリジナル、その先生にしか語れないコンテンツ、テーマが求められているのです。

第4位　どこのエージェントにも同じ資料を出して回っているタイプ

早くいろいろなところで登壇したい気持ちはよくわかります。しかし、前述したようにエージェントにはそれぞれ特色があります。担当している業界、対象、得意テーマなどが異なるのです。それにまったく配慮せずに一方的な提案をもってこられても、エージェントは消化しきれません。また、多くのエージェントを回っているということは、この狭い業界、SNSの時代にはすぐ広まります。エージェントの社員も人間です。人間だからこそ、「この先生と一緒に仕事したい！」と思ってもらえなければ登壇するチャンスは遠のくかもしれません。

第3位　話が長く一方的でキャッチボールができないタイプ

このタイプは、長年、大先生として活躍されてきた年配の講師に多く見受けられます。

エージェントに提案をしてくださる際に、「私にはこんな経歴があるのです」「こういったテーマができます」「私の強みはこれです」ということを語っていただくのはいいのですが、「このテーマがなぜこれからの時代に必要か」「日本企業に欠けているのはこの考え方である」などと〝ミニ講演〟を始めてしまうのです。

そこまでではなくとも、一方的に持論や方向性などをまくしたてて、エージェントの状況や論理、意見などにまったく耳を貸さない方がおられます。「なんとかしたい」「私がお役に立ちたい」という純粋な気持ちは理解できますが、私たちエージェントは、こうした講師を、企業がほしがる講師だとは考えません。

なぜならば、エージェントのお客様であるクライアントに対しても同じように、一方的なコミュニケーションに終始し、クライアントの真のニーズや課題解決の芽を潰してしまう恐れがあるからです。講師がきちんとキャッチボールできるかどうかは、スキルやテクニック以前の大事な資質なのです。

第2位　講師自身の強みや価値を一言で語れないタイプ

これは一見ビックリしますが、実は少なくないのです。講師自身が、提供する研修やセミナーの特徴や自分の強みを整理できていないということです。

原因は2つあります。

1つは、「何でもできる」あるいは「どんな仕事も取りたい」という原因です。

講師の方が、多くの登壇機会や仕事の機会を期待していることはよくわかります。そのために、自身の専門テーマをずるずると広げていってしまう傾向が多く見られます。「営業テーマできます、マーケティングもできます、マネジメントテーマもできます……」となってしまうことです。

これは、そのようにテーマが広がっていった「背景」や「ストーリー」があれば、問題ありません。例えば、部署異動や転職、業界構造の変化などに応じて自分のテーマが広がっていったという「背景」や、自分の専門分野を突き詰めていった結果、関連領域にたどり着いたような場合はOKです。

問題なのは、仕事ほしさにずるずる広げてしまった場合です。「トンガリ」や「強み」が、テーマを広げることによって薄れていくのです。これはエージェントにとっては、何でもできる（専門性のない）講師ということで、肝心なときには声がかかりにくくなっていくことでしょう。なぜなら、エージェントはその長所をクライアントに説明しきれないからです。

もう1つの原因は「絞れない」「決められない」という状態です。これは、講師自身の経験の中で、1つの領域、テーマに絞る意思はあるが絞れないという状態です。よく戦略＝絞ることと言いますが、実際に絞るには勇気や決断がいります。その決断のためには市場ニーズや自身の強み、競合優位性などをはかる必要があります。

第1位　お金の話中心でビジョンや使命感が感じられないタイプ

さて、堂々の第1位は、多くのエージェントから声が上がってきました。お金の話ばかり、まず取引条件ありきで、自身の講師としての未来像やクライアントへの提供価値、講師という役割に対する思いなどが欠けているタイプです。

ビジネスですから、お金や取引条件の話は重要です。必ずしなくてはならない話でしょう。

しかし、お金の話ばかり、というのは問題です。これは、当たり前かもしれません。エージェントも、クライアントが本気で課題解決を目指すのであれば、本気で協力したいもの。当然、ビジョンや使命感のある本気の講師を担ぎたいところです。本気の講師は、お金の話を優先する講師ではないはずです。

講師がここまでやればエージェントの心は動く

エージェント取材をしていたら、こんな声も聞かれました。

売れる講師は、われわれエージェント担当者のよきアドバイザーとなってくれることが多い、という声です。

エージェントの担当者は、新卒に近い若い方から大手企業で人事部経験をお持ちの方までさまざまです。彼らは教育というビジネスに携わっているがゆえ、それぞれの目標や仕事をする意義について意識しながら仕事をしています。自身のキャリアやミッション・ビジョン、社会的貢献などを考え続けている方が多いのです。

そこで、売れる講師は、彼らのアドバイザーやメンターとして自然に手を差し伸べていることが多いようです。何も彼らを丸め込もうということではありません。自身の講師としての立ち位置やビジョンに基づいて、他の講師より少しだけ担当者へ近寄ってみるのです。

中には「5年以内に自分も講師になる」という具体的な目標をもったエージェント担当者もいるでしょう。さらには、「いつかは起業する」という夢をもった若者もいるでしょう。あるいは社内の人間関係に悩んでいるかもしれません。そういった夢や目標、悩みをもっていることを理解して、話を聞いたりアドバイスをする。大事なのは、そういった親身な視点をもって担当者と接することではないでしょうか。

この章の最後に、エージェント担当者に聞いた「また仕事をお願いしたい講師ベスト3」をお伝えします。

第3位　受講生への研修効果だけでなく、クライアントの事務局や経営層にまで目配りで

きる講師

研修講師は、目の前の受講生だけが仕事相手ではありません。セミナーや研修を依頼し統括している事務局や受講生の上司でもある経営層までを意識して、研修を設計し、実施していくべきです。エージェントは、単に研修の講義スキルだけを評価していないという点もここにつながるのですが、講師が受講生への講義以外にも視点をもっているかどうかが、講師の評価ポイントの1つとなります。

第2位　簡潔明快でわかりやすく、臨機応変に対応できる講師

これは、同じ内容を伝えるのであっても、シンプルにわかりやすい言葉を選択して伝えられる、そして研修中に想定外の状態や事態が起こっても、臨機応変に講義の内容や進め方を変えられるということです。簡潔明快に伝えることの重要性はわかっていても、実践するのは難しいものです。臨機応変に対応することも同様です。

第1位　クライアントの課題解決にきちんと適応でき、登壇させる理由が明確な講師

講師の存在理由とでもいうべき内容です。企業研修講師は、企業の問題解決がミッションです。そして、多数の講師の中から「あなたに依頼する」明確な理由があること。これは、エージェントが自信をもってクライアントに推薦できることにつながり、それがエージェント自身の評価にもつながるのです。

4章

企業が求める講師・コンサルタントとは

企業の人材育成ニーズの変化

この章では、講師に仕事を発注する立場の企業＝クライアントのニーズについてお伝えしていきます。

まず、最初に考えたいことは「なぜ、企業は人材育成をするのか？」という至極当たり前の問いです。ここをしっかり押さえているかどうかが、成功へのカギになります。

私は前職の研修会社に11年間在籍し、さまざまなクライアントの方々とお会いしてきました。そして、トップが代わったり経営戦略が変わることで、研修内容や人材育成の方針が変わることも数多く見てきました。トップだけでなく人事部長や担当者が代わるだけでも、エージェントや講師へのオーダーが大きく変わりました。

その中で多く聞かれたのが「バブル崩壊後、人材育成を放っておいたツケが回ってきた」「人材育成をしていなかったため、今の管理職や中堅層が育っていない」という反省の声です。これは、多くの企業、多くの担当者から、耳にタコができるぐらいうかがいました。また「予算は少ないけど、何とか教育だけは続けていきたい」という声もよく聞きました。

つまり「ヒトの育成が重要である」という考え方は、改めて見直されてきているのだと実感します。そして「ヒトの育成」という目標は、それがそのままゴールではありません。企業の目標である〝利益を生む〟ために必要な手段として、研修という方法を取っているのです。企業が利益を生む手段は無数にありますが、その中から実施効果を考えて、あえて「研修」という手段を使っているわけです。私はこの変化について、人材育成が企業の問題解決に不可欠な施策となった、と多くの企業が考えるようになったからであると理解しています。

なぜ、外部講師に依頼するのか

では〝ヒトの育成〟のために、なぜ外部の講師に依頼してまで研修を実施しているのか、という点について考えたいと思います。

企業によって、その理由はさまざまです。

「講師ができる人材が社内にいないから」「内容を企画・作成している時間がないから」

ょう。

「ノウハウがないから」といった理由が多いでしょう。そして「専門である外部のプロのノウハウを活かしたい」「専門家は信頼性が高いから」という前向きな理由もあるでし

企業が費用をかけてまでエージェントを利用する理由には、「安定性」「信頼性」「効果性」への期待があるとお伝えしてきました。ノウハウ不足やリソース不足という理由もあるかもしれませんが、ポジティブな効能を求めて外部講師を利用していることも多いはずです。その背景には、社内講師と比較して、次のようなメリットを考えているはずです。

・社内ではない外部の目で問題点を客観視できる＝第三者視点
・社内講師より受講生が真摯に内容を受け取れる
・他社・他業界の事例など、刺激となる情報がある

といった期待があるのでしょう。

しかし、「外部の講師にすべてお願いする」とは限らないのが、現代の人材育成の世界です。〝ヒトの育成〟を重視して研修を実施するが、イコール外部講師の活用、とならない状況になってきました。この研修業界には、大きな変化の波が押し寄せています。ＩＴの進展による、ｅラーニングやＩＣＴ教育、ブレンディッド教育（集合教育とｅラーニングの併用）の深化・発展、さらに研修講師の内製化という2つの大きな動きが出てきてい

ます。

下に掲げた表を見ると、社員数が1000人以上の大企業では86・7％と、ほとんどの企業に社内講師が存在することがわかります。

また、この表からはもう1つ調査結果が出ています。社内講師に対して手当等の金銭的報酬を支給している割合は、12％程度となっています。手当を支給していないということは、社内講師を特別視せず他の業務と同じ役割・機能レベルで捉えているとも受け取れます。つまり、講師業という役割・機能に対して、企業は特別視していないということであり、企業は外部講師に対しても同様に考えている可能性があるとも解釈できます。

昔は、先生業は特別な存在であり、敬うべ

社内講師についての調査

区分	合計(社)	社内講師がいる	社内講師はいない	社内講師手当の支給状況(社内講師がいる＝100)	
				支給している	支給していない
調査計	100.0 (127)	74.8	25.2	12.6	87.4
(2001年度調査)	100.0 (111)	81.1	18.9	5.6	94.4
1,000人以上	100.0 (60)	86.7	13.3	15.4	84.6
999人以下	100.0 (67)	64.2	35.8	9.3	90.7
製造業	100.0 (50)	82.0	18.0	12.2	87.8
非製造業	100.0 (77)	70.1	29.9	13.0	87.0

出所：「企業の教育研究に関する実態調査」(労務行政研究所・2014年)

き対象とされてきたわけですが、そんなイメージは今はもう企業はもっていないのかもしれません。もっとドライに、明確な価値、明確な効果を出せる講師を選択・厳選し、研修を実施しているのでしょう。

企業が研修を発注する際に考えること

次に考えたいのが、企業の発注者が何を考えているかということです。

企業は、その事業目標を達成するために、抱える問題を解決するために、人材育成を企画しています。そして、研修の費用対効果や投資対効果をシビアに測定しています。お金をかけて、しっかり効果を求める、という当たり前のお話です。

ここでは、講師として意識しておきたい2つの点について説明します。

1つめは、研修に対する〝大きな捉え方〟の問題です。〝費用対効果〟と書きましたが、研修目標に応じて、研修を〝費用〟と捉えるか〝投資〟と捉えるかが異なるのです。費用は即時的、短期的な効果を志向しているものであるのに対し、投資は中長期的な効果を志向しているものといえます。

つまり、研修を「即時的、短期的な効果」を目指しているのか、あるいは「中長期的な効果」を志向しているのかが異なるのです。そして重要なのは、短期的な志向だから悪い、中長期的な効果を志向しているからよいということではない、ということです。それは、企業の志向性や体質、研修目標などによって異なってくるはずです。

例えば、短期的な志向＝つまり費用対効果と考える場合には、明日から使える知識、スキルの研修を企画実施したいと考え、研修プログラム自体も即効性ある内容を求めます。そして、即効性ある結果が出ていないと判断されれば、研修プログラムの変更、もしくは講師の交代という結果になることもあります。

例えば、店舗の販売員の研修など、新店オープンに備えて最低限のマナーや注文方法などを学ばなくてはいけない場合、即効性ある内容にしなくてはならないでしょう。

研修を発注するクライアント企業がその研修で求めていることを、講師がしっかり聞き取って合意しておくことが非常に大事なのです。

もう1つ、企業が研修を発注する際に留意している点があります。

それは、**上司や社内に対して説明できるか**という点です。

企業研修は、前述したように費用（投資）対効果がシビアに検討されます。その検討は、担当者1人で行うものではなく、複数の担当者で行います。

講師がクライアントに伝えるべきこと

時代性 社会性	①なぜ、今この研修のニーズがあるのか（企業ニーズ） ②社会の流れ、トレンドから考えて必要なのか（社会ニーズ） ③まだあまり知られていないが、今後求められることなのか（将来ニーズ）
商品性 効果性	①内容が、どれだけ優れているか ②その効果が、どれだけ出るものなのか ③キャッチコピーやキーワードなどが、優れているか
優位性 排他性	①なぜ、私（講師）でなければいけないのか ②プロフィールと講師、経歴や実績などに、一貫性と優位性があるか ③競合講師・過去の講師との比較・差別点
経済性 合理性	①実地にかかるコスト（講師フィー、その他経費） ②研修の対象（カバー）人数（最適・最大人数） ③複数回実施する際のディスカウント価格制度

講師が先方の担当者と提案書段階で合意しても、それでOKではありません。提案した研修プログラムが効果的であると担当者が納得しても、仕事の依頼につながらないことは多々あります。担当者が上司や経営層を納得させられないと、仕事は決定しないのです。企業という経済的な説明責任が求められる世界で、講師自身が研修プログラムの効果や優位性を論理的に説明する必要があるのです。

そこで、求められるのが、前ページの表のような複眼的で論理的な証拠を相手に伝えることです。

こういった視点から企画書や提案書を見てみると、「自分が何を話せるか、どの分野のプロであるか」という内容よりも、「相手にとってどう役立つか」「お金をかける価値がある」と伝えることが重要であると理解できると思います。

企業が研修にかけている費用は

さて、こうした論理的な情報を提供しなくてはならないのは、研修には多大な費用がかかっているからです。鉛筆や飲み物を買うのとは違います。多くのお金と手間がかかっているのです。

では、どんな費用がかかっているのか、見ていきましょう。

まず、第一に思い浮かぶのは、講師に支払われる「講師費」です。研修会社や講師によって差がとても大きい費用項目です。ケースバイケースですが、「講師費」と「研修プログラム開発費」が別項目となっている場合もあります。「研修プログラム開発費」はクライアント企業の実情や研修目的に合わせてカスタマイズするための費用です。受講生へ配布するテキストの版権、使用料なども、「講師費」に含まれる場合と「研修テキスト代」として別立ての場合があります。

その他、講師が研修会場まで移動するための「交通費」「お車代」。さらには遠方や地方会場の場合は、講師の「宿泊費」がかかります。

次に大きなコストが、研修会場を社外で行う場合の「会場費」。会場のサイズ、そして備わっている設備、都心なのか地方なのかによっても価格差は大きいところです。そして、研修プログラムによるのですが、研修中に使う道具、ツール、資材などの「備品費」。研修によっては、参加者全員に同じ機能・状態のパソコンを貸し出して使うことがある場合など、かなり大きな費用がかかることもあります。

その他、ある研修会場に受講生を集めて実施するタイプの研修であれば、受講生の「交通費」、さらに泊りがけで行う場合は「宿泊費」もかかってきます。例えば、全国の支社にいる受講生25名を集めるとなると、これもまた結構な額がかかってくるでしょう。

ここまでが、目に見えて支出されていくコスト＝費用です。しかし、よくよく考えてみると、それ以外にも目に見えないコスト（埋没コスト）がかかっています。

「受講生が通常業務を休止するコスト」。これは、受講生が通常業務を休止して研修に参加しているため、その分の役割機能、業務が停止することによってコストがかかるということです。受講生には、当然社員としての給料が支払われていますが、その給料を使って研修を受講しているのですから、研修へ参加している時点でコストがかかっています。その他、営業マンを思い浮かべるとわかりやすいのですが、「受講生が本業で獲得できた機会の損失（ロス）」があります。これは、営業マンが研修に参加せず、その時間を営業活動に充てていたら受注・獲得できた売上が計上できない、という機会損失コストです。

こうして見ると、研修には、直接的にも間接的にも多額の費用をかけていることがわかります。講師側は自分たちに支払われる講師フィーだけに目が行きがちですが、企業がこれだけの費用をかけて実施していることを、改めて自覚しておく必要があると思います。

だからこそ、企業への提案時には前述のように、論理性・合理性ある情報提供が求められるのです。

人材育成部門が企画する研修と現場が企画する研修の違い

さて、講師は企業のどの部門へ営業活動をしていけばいいのでしょうか。

最初に考えられるのは、人事部や人材開発室といった研修を総合的に企画・発注する部門でしょう。新入社員研修、課長研修や部長研修といった階層別の研修、そして職種別の研修、さらには公募・参加型の研修を企画・実施していることが多いはずです。この部門が企画実施する研修には、3つの傾向があります。

1つめは、年間の実施スケジュールがほぼ決まっているという点です。1年を通じて、どんな対象者に、どのようなテーマの研修を、どのくらいの回数、人数、期間で実施するかということを事前に企画・計画しているのです。このため、新規に営業・提案する場合は、その詳細が決まってしまう前に訪問する必要があります。一度決まってしまうと、その後1年間は変更なし、ということになってしまうからです。

2つめの特徴は、毎年継続して実施される研修が多いという点です。毎年継続される研修とは、例えば、新入社員研修や管理職昇格者研修など継続的に受講対象者が存在し、その実施の必要性が高い研修のことを指します。そのため、研修講師についても頻繁に変わることは少なく、毎年継続される傾向があるようです。

3つめの特徴は、後述する「事業部門企画の研修」と比較すると〝パッケージ型〟の研修が望まれる傾向にあるという点です。〝パッケージ型〟とは、講師やエージェントが研修企画・プログラム・価格などをある程度決めてしまっている研修商品のことを指します。このパッケージ型を人事部門系が望む理由は、「より全体の品質が整った研修を実施したい」からです。例えば、受講生が多数いて、研修を実施するクラスが多数必要だったとします。その場合、あるクラスと別のクラスで、講師による内容の差が出てしまうと困ったことになります。あるクラスは講師も内容の評価も高く、別のクラスは講師も内容も評価が低くなってしまうと、事務局の立場としては問題です。だからこそ、実施内容や効果が事前に想定でき、講師や研修会社が自信をもってすすめている商品＝より平均的に品質が保証されたパッケージ型研修を志向するのです。

一方、人事部門などの管理部門以外の部門（事業部門）が企画する研修はどうでしょうか。例えば、営業企画部、商品開発部、研究開発部などの現場が企画するものです。これらの部署が検討する研修は、テーマや実施方法が多種多様であるという傾向があります。例えば営業系であれば、営業マン向けの交渉術の研修、マーケティング戦略を実践的に策定していくアクションラーニング研修など多岐にわたります。この事業部門が企画実施する研修にも特徴が3つあります。

最大の特徴は、研修の内容に「より実践的なもの」「より具体的なもの」が求められるということです。事業部門の存在意義は、もちろん研修を実施することではありません。ある現場の事業課題、目標達成のために、研修を企画・実施するのです。当然、その内容は自社というより自部門の深い、細かなニーズに沿ったものとなってきます。もちろん、人事系の部門が発注する研修内容が実践的ではないと言っているのではありません。事業部門では、より現場に近い、生々しいロジックを踏まえた実践的な事業に直結する研修が望まれるということです。

2つめの特徴は、このように実践的な内容を求めているからこそ〝パッケージ型〟の研修より、自社に合った〝カスタマイズ型〟の内容を求めることが多いということです。パッケージ型の場合でもそのままではなく、何らかのカスタマイズを行って実施することが多いといえるでしょう。

3つめの特徴は、発注時期のタイミングです。いつ発注されるかが見えにくいのです。一人事系の部門が、年度が始まる前にスケジュールをほぼ決めてしまうのとは違います。一概には言えませんが、企画のタイミングはランダムです。事業部の中で「課題が緊急課題となったとき」「優先順位が上がったとき」、そして「予算が使える見込みが立ったとき」、また、「意思決定権者の仕事が落ち着いて、研修について考える時間ができたから」というケースもあります。エージェントや講師は、いつ訪問営業すればよいのかわかりにくいのです。

研修を企画発注する「担当者」による違い

クライアントの研修担当者の性格・気質・考え方によっても、いろいろな変化があることを、講師も理解した方がよいでしょう。担当者の気質により、講師の仕事が増減したり、変更やカスタマイズの度合いが異なってくるからです。これはエージェントの営業としていろいろな企業の担当者を見てきて感じたことです。しかも、性格・気質に起因することであるがゆえに、こちらから変えてもらうことができないことが難点であるといえるでしょう。

例えば、担当者の「挑戦気質」の違いがあります。どんどん挑戦をして臆せずに新しいものを取り入れようとするタイプなのか、石橋を叩く慎重なタイプなのかの違いが、講師の仕事に大きく影響してきます。

その他、講師やコンサルタントからの「提案」に対する考え方が異なる場合もあります。講師に〝どんどん新しい情報や提案をもってきてほしい〟と考える担当者がいます。講師は新しい情報を収集し、新しい提案をもってきてほしいと考えているのです。一方、〝こちらから依頼したことに対してだけ提案をしてほしい〟という考えの担当者もいます。言い方は悪いのですが、講師であっても、下請業者のように依頼したことだけ動いてもらいたい、あるいはリクエストしていない情報で余計な時間を費やしたくないと考えているかもしれません。また、講師に余計な負担をかけたくないという温情から、そう指示する担当者もいます。

そして、これもコントロールできないことですが、担当者が誰を見て仕事をしているか、ということがあります。担当者が上司の意向を重視しているがゆえに、社内事情などへの影響を第一に考えている場合、社内事情を優先しすぎて、肝心の企業全体への視点や提案の効果が後回しになってしまうケースもあるのです。

このように、担当者のタイプにより、発注される仕事の量や質、お付き合いのしかたなど、講師としての関わり方が大きく左右されます。

そして、担当者の「人事異動」にも注意が必要です。同じ会社であっても、担当者の気質は一緒ではありません。会社の戦略や方針・ビジョンは変わらなくでも、担当者が代わったことで仕事が急変することはよくあることです。これは、講師がそれまで丁寧に築いてきたクライアントとの関係性が激変してしまう可能性がある、ということです。これを避けるためには、担当者1人とだけお付き合いするのではなく、上司や担当者の同僚など、広くお付き合いしておくことが必要です。

このように、どんなにいい経験を積み、すぐれた提案ができる講師であっても、クライアントの社内事情等によって、仕事の多寡やその継続に大きく影響するのです。

企業研修に関わるさまざまな関係者とその役割

研修という業務、ビジネスにはさまざまな関係者が関わってきます。

まず、必ず研修に登場する「受講生」。講師が、講義等を通じて、教えたり、気づきを与えるべき対象者です。受講生の研修参加目的は、研修で学んだこと、気づいたことを、日々の業務や仕事に活用していくことです。会社は、受講生の実践を通じて自社の課題解決や目標達成に資することを求めています。

次に、研修を企画して実施するクライアントの「事務局」や「担当者」です。彼らは、研修を実施する際の最大の現場責任者です。研修を企画する背景と狙いを検討し、講師を選択します。そして選んだ講師とともに、研修の詳細の設計を行います。また、事務局は、研修実施に関わる「予算」の見積もりとコントロールを行います。

研修当日は、運営事務局として、研修環境の整備、受講生へのケア、講師のフォローなどを担当します。当日、事務局としての一番のミッションは、研修目的が達せられるかをチェックすることです。受講生に対して、受講態度はどうか、理解度はどうか、ワークでの発言内容はどうか、などをチェックしています。また、受講生だけでなく、講師が当初の研修目的に沿ってプログラムを実施しているか、脱線しすぎて余計な時間を使いすぎていないか、受講生の質問に適切に答えられているか、などをチェックしています。

研修実施後には実施レポート等を作成します。これは、当日の研修状況がどうであったのか、受講生のアンケートがどうだったのか、ということだけではありません。その後の現場での実践度合い、受講生の上司の反応などを複合的に反映させたものを作成することが多いようです。

次に研修への関係者として挙げたいのが「受講生の上司」です。受講生の上司は、ほとんどの場合、研修当日に関与したり、傍聴することはありませんが、研修の前後で大きく影響を与えます。上司は、受講生が研修へ出かける前に、「研修では何を学び、それを現場で活かしてほしい」という事務局からの案内を受け取ります。それを受講生とともに理解し、受講生の背中を押して送り込んでいるのです。上司にしてみれば、通常の業務を止めて研修に向かわせるのですから、当然「研修に行って成果を出してほしい」と強く願っていることでしょう。研修から受講生が戻ってきた際にも、「どんな学習をしたか」「現場でどう活かす（予定・計画）か？」といった面が気になるはずです。そのため、多くの場合、受講生は、研修受講後に事務局へ研修受講レポートや現場での実践計画（アクションプラン）などの提出を課され、それが上司にも届くようになっています。

このように、単に研修といっても、受講生だけでなく多くの関係者が関わっていることがわかります。企業研修であるからこそ、意思決定が複雑で、投資（費用）対効果の説明が求められます。講師業を志す方は、そうした関係者の役割や機能を理解するとよいでしょう。

5章

「またお願いしたい」と言われる講師になるために

講師に必要な「スタンス」と「マーケティング戦略」

ここまで、研修会社そして企業からの講師に対するニーズについて解説してきました。「講師はどう活動していけばいいのか」というお話をする前に、どうしても講師を取り巻く環境について知っていただく必要があったのです。この章から、「具体的にどういった講師が選ばれるのか」あるいは「選ばれるために、どういった姿勢・行動が必要なのか」という点を、より具体的に説明していきます。

この部分の本書の構造は図のようになります。本章の「選ばれ続けるための＝スタンス（姿勢・視点）」と、6章の「あの専門の先生にお願いしたいと選んでもらうための＝マーケティング戦略」の2つがコアとなる内容です。

〝スタンス〟だけを講師が備えていても、注目されない、声がかかりにくい、目立ちにくい、ということです。「いい先生なんだけど、人柄はいいけど、何の専門かわからない、選ぶ理由を付けにくい」と言われてしまいます。逆に、6章で解説する〝マーケティング戦略〟だけが立派な講師の場合、講師としてのスキルやコンテンツは申し分ないのだ

★DO BOOKS 最新刊★

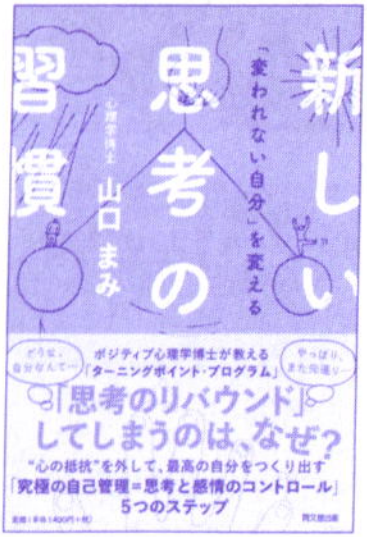

「変われない自分」を変える 新しい思考の習慣

山口 まみ著

「どうせ、自分なんて…」「やっぱり、また元通り…」変わりたいのに、変われないのはなぜ？ ポジティブ心理学博士が教える、自分の思考と感情をコントロールして、リバウンドせずに「最高の自分」を実現させる方法　本体 1,400 円

生きづらさを解消する イメージセラピー CD ブック

紫紋 かつ恵著

イメージセラピーとは、イメージを使って潜在意識を癒すことにより、現在の心の状態を変化させる方法。潜在意識の中にある過去の傷ついた記憶に向き合い、心を癒して、「許す」「信じる」「愛する」自分に変わる。CD 付き　本体 1,600 円

反響が事前にわかる！ チラシの撒き方・作り方 7 ステップ

有田 直美著

7つのステップに沿ってチラシを作って撒けば、きちんと反響が取れ、チラシの"ムダ打ち"はなくせる。反響率 2 倍！「女性目線」「顧客目線」で次々にチラシを当ててきたチラシ専門印刷会社が明かす実践ノウハウ　本体 1,500 円

DO BOOKS 公式ブログ http://do-books.net

営業で大切なたったひとつのこと
厳しさを増す保険営業の世界で「選ばれる営業マン」になる
佐藤 綾著　本体1400円

図解 なるほど！ これでわかった よくわかるこれからの店舗のロス対策
流通業・サービス業のためのロスの発見・対策法
望月守男・秋山哲男著　本体1900円

ラクに書けて、もっと伝わる！ 文章上達トレーニング45
楽しみながらできるトレーニングで、文章力がアップする！
小川晶子著　本体1300円

お客様が「減らない」店のつくり方
「2つのDM」で売上げを伸ばす、具体的手法を公開！
高田靖久著　本体1500円

相手が〝期待以上〟に動いてくれる！ リーダーのコミュニケーションの教科書
できない部下をできる部下にする〝相手の心に伝わる〟技術
沖本るり子著　本体1400円

売れ続ける販売員になるための「あきらめないこころ」のつくり方
「カリスマ販売員」が、毎日実践していた考え方やノウハウ
たかみず保江著　本体1400円

患者さんに信頼される医院の 心をつかむ医療コミュニケーション
医療現場の問題を解決する、スキルとセンスの磨き方
岸 英光監修／藤田菜穂子著　本体1800円

図解 トラブルを防ぐ！ 外国人雇用の実務
外国人労働者の雇用と活用を進めるための1冊
中西優一郎著　本体1700円

独学・過去問で効率的に突破する！「司法書士試験」勉強法
本気で受かりたい人のための、学習計画の立て方・進め方
三木邦裕著　本体1600円

モチベーションをキープして合格を勝ち取る！「社労士試験」勉強法
合格への方程式は、「品質×時間×目的×習慣」
牧 伸英著　本体1500円

独学・過去問で効率的に突破する！「技術士試験」勉強法
余計な回り道をせず理系最高峰資格の合格ラインを超える！
鳥居直也著　本体1600円

独学で確実に突破する！「行政書士試験」勉強法
普通の人が、働きながら、独学で合格を勝ち取る方法
太田孝之著　本体1500円

過去問で効率的に突破する！「中小企業診断士試験」勉強法
過去問をフル活用して合格をめざす「超・効率的」勉強法
日野眞明監修／斎尾裕史著　本体1500円

独学・過去問で確実に突破する！「社労士試験」勉強法
過去問に焦点をあてた「省エネ」勉強法で合格を勝ち取る！
池内恵介著　本体1500円

最新版 これが「繁盛立地」だ！
店舗を成功に導く「立地選び」のやり方・考え方
林原安徳著　本体1700円

ビジュアル図解 物流センターのしくみ
経済・流通活動にとって欠かせない物流センターの知識を解説
臼井秀彰編著／田中彰夫著　本体1800円

けど、「あの先生とはなんだか仕事をしたくない、再び仕事を依頼したくない」と思われてしまう危険性があるかもしれません。

つまり「スタンス」も「戦略」も両方とも重要であり、どちらかは後回しでよいというわけではないのです。

この2点を踏まえてつくった、私の標語をご紹介したいと思います。

「売れない講師には戦略がない、続かない講師には愛（スタンス）がない」

つまり、〝売れる〟ためには「選ばれるための戦略論」が必要です。相手に「この講師にこそお願いする理由がある」と思わせるトンガリです。

講師に必要な「スタンス」と「マーケティング戦略」

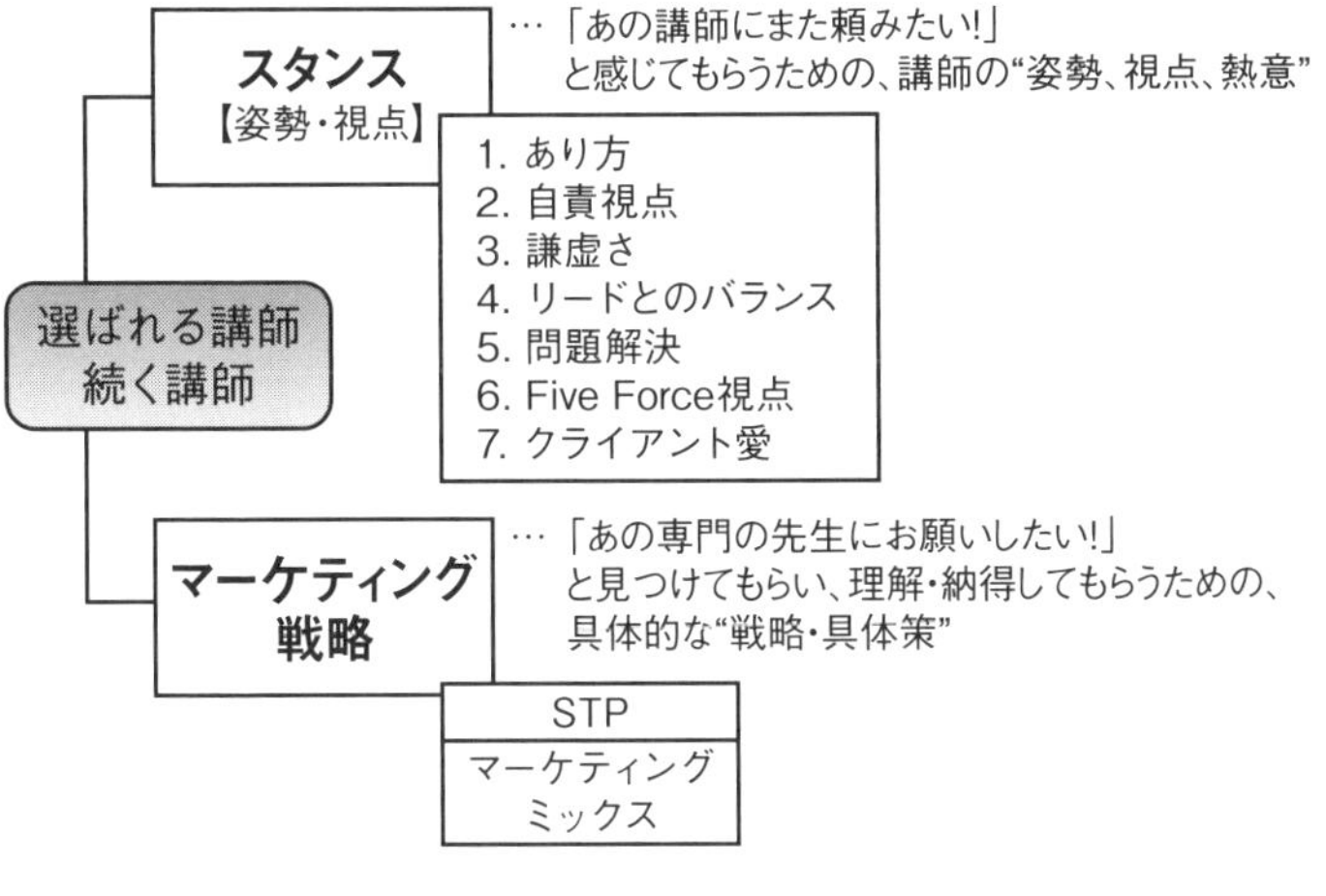
スタンス
【姿勢・視点】
…「あの講師にまた頼みたい!」
と感じてもらうための、講師の“姿勢、視点、熱意”
1. あり方
2. 自責視点
3. 謙虚さ
4. リードとのバランス
5. 問題解決
6. Five Force視点
7. クライアント愛
選ばれる講師
続く講師
マーケティング
戦略
…「あの専門の先生にお願いしたい!」
と見つけてもらい、理解・納得してもらうための、
具体的な“戦略・具体策”
STP
マーケティング
ミックス

そして〝リピートする＝関係が続く〟ためには「この先生とまたお付き合いしたい」と思われる「スタンス」が必要です。そのスタンスとは、仕事への思いだったり、「クライアントをなんとかしたい！」という愛だと考えています。

この2つが、「選ばれる、売れる講師にともに必要である」というのが筆者の持論です。

この5章では、「講師のベースとなる土台として」「仕事の依頼が続くようになるため」の〝スタンス（姿勢や視点）〟をお伝えしてまいります。全部で、7つのスタンス・視野があります。

- 講師のあり方「ビジョン・使命」
- 自責視点
- 謙虚な心と素直さ
- リードする役割と謙虚さのバランス
- 問題解決視点
- 5F視点での研修設計
- クライアントに対する愛・熱意

1つずつ見ていきましょう。

「なぜ、あなたは講師をしているのですか？」

1つめの重要なベースとなるポイントは、「講師のスタンス＝あり方」です。それは、講師に必要とされる各種のスキルよりも大事です。講師という仕事に対する「使命感・ビジョン・天命」を自身が明確に理解していることです。言い換えれば、DOよりもまずはBEが重要なのです。

自分自身に問いかけてみてください。「なぜ、あなたは講師という職業、役割を引き受けているのですか？」

その答えの中身は重要です。

例えば、「なんとなく講師になった」「結果的に講師になった」という方に、高いフィーを払ってまで講師をしてもらおうと思いますか。あるいは「講師業は儲かるから」「利益率が高いから」という視点が一番に来る講師の話を受講生に聞かせたいと思うでしょうか。

それよりも「私の現場での経験を基に、業界の変革へのチャレンジを支援したい」であるとか「少子高齢化が進む日本の国際競争力を引き上げていくことに挑戦したい」といった話をする講師のほうが、信頼や魅力を感じませんか。

学校の先生であっても、趣味教養の先生であっても、「講師としてのビジョンや使命」は重要です。しかし、高額のフィーをいただく「企業研修講師」の場合、その講師のあり方はより明確で、かつ具体的でなければなりません。

それが重要である理由は2つあります。

1つめは、**講師は替えがきかない職業であり、「誰が語るか」が重要**だからです。例えば、いかに優れた経験を持ち、コンテンツが魅力的であっても、その講師のスタンスが「やらされ感」いっぱいだったらどうでしょうか。「何を語るか」より「誰が語るか」が重要であるという側面がここにあります。ビジョンや使命を持った唯一無二の〝あなた〟が語るからこそ意味があるのです。

2つめは、**講師という仕事では、「共感されること」が重要**だからです。研修という購買基準がわかりにくい商品を、買う側（企業やエージェント）はさまざまな角度から品定めしています。それは、講師のプロフィールだったり、実績だったり、企画書から読み取れる優位性であったりするのですが、最終的には、講師に「共感」して購買決定しています。何に共感しているかというと、講師の「あり方」に共感しているのです。

講師の企画内容やプレゼンテーションスキルなども判断材料ですが、最後の判断は、「この先生と仕事をしてみたい」と思う気持ちです。この共感は、研修講師を決める立場の人にだけでなく、受講生にとっても重要です。「あ、この先生の話、共感できる」「この先生の話には苦労されたことがにじみ出ている」。そんな共感が受講生の心に生まれることが、講師という役割にはとても重要です。受講生に共感してもらうポイントも、やはり、講師のあり方＝ビジョンや使命感なのです。

かつてこんな講師がいました。

著名な大学出身で、企業での経験も講師としての経歴も十分でした。提供するコンテンツもわかりやすく、企業の担当者も満足していました。

しかし、その講師が懇親会に誘われた際に発した言葉が「その分の講師フィーをください」でした。これには、エージェントである筆者も、企業の担当者もビックリしました。ある意味では時間を切り売りしている職業ともいえるので、その気持ちがわからないでもありません。しかし、懇親会を通じて受講生との距離感を詰めたい、講師にも講義をやりやすくしたい、といった企業側の計らいをお金の問題で断ろうとしてしまったのです。これには、企業の担当者もウンザリ。講師の「あり方」に共感できなかったということでしょう。

講師のスキルやプロフィールだけでなく、「なぜ、私が講師をしているのか？」というビジョン、使命を明確にもっている必要があるのです。

「自責視点」をもつこと

次に重要な講師としてのあり方は「自責視点」です。

企業研修は、ある決められた時間に、ある学習目標に到達するための「場」です。

そこで、講師からときどき聞かれる残念な言葉が

「今日は時間がないから、はしょります」

「事務局からの依頼で、お伝えしたいことを伝える時間がない」

という発言です。

この言葉を聞いた受講生は、ガッカリすることでしょう。なぜならば、はしょった部分に何か重要な話や要点がなかったのか、と不安や疑問に思うからです。あるいは、「そのレベルなら適当に受講しておけばよい」と学習意欲を下げかねません。さらには「研修時間をしっかり取らない事務局が悪い」と、社内批判を呼んでしまうことにもなりかねま

せん。

結果としてはしょったとしても、その言葉を出さず、そう感じさせない運営をすべきでしょう。講師は、時間が足りなくなったことについて、当初から十分な時間を与えられていないケースを含め、自分自身の責任で運営するスタンスが求められるのです。

事前の企画・設計、当日のリスク対応、事後のフォローを含めて、研修にまつわる事項はすべて「自分の責任である」というマインドをもち、その責任を取るために対するアクションが取れること。それが講師に必要な「自責」マインドです。

自責視点が大事な理由について整理しておきましょう。

1つには、前述したように**「受講生が講師のスタンスの影響を受ける」から**です。いかにいい話、わかりやすいプレゼンテーションであっても、他責でやっているという講師の心理を見透かしてしまうと、とたんに受講生の心が離れてしまうからです。研修中は、講師の一挙手一投足が受講生に影響を与えています。講師が自責視点を欠き、少しでもそれが言動に出てしまえば、研修の成功にはおぼつきません。

2つめに挙げられることは、他責の言動で繕ってしまっている講師は、**自分のスキルのなさを露呈してしまっている**ということです。たとえば、自分で研修の時間をコントロールできていない、演習やワーク、講義内容をアレンジしたり調整できていない、事務局と調整した内容と齟齬が出てきている……。他責にすることで、こうしたスキルの欠如が露呈してしまうのです。

ですから、起こったこと、起きていることは、すべて講師である自身が招いた結果であり、できることは、残された時間、目の前にいる受講生に全力を尽くすこと、あるいは事務局と協力して、調整や改善を図ることに尽きます。それを実行できるのが、自責視点をもった講師なのです。

講師がなくしがちな謙虚な心と素直さ

謙虚さと素直さは、どんな人にも必要だと思いますが、「先生」と言われるような講師の方々には、特に意識したい部分です。

なぜならば、講師は仕事の立場上、どうしても上から目線になりがちで、資質や能力にかかわらず、自分が偉くなったような錯覚に陥るからです。

「先生、先生！」と慕われ、「助けてください！」と頼りにされ、「先生ならば、いつも安心です！」と崇められるうちに勘違いしてしまうのです。

最初は、どんな講師も素直で謙虚です。しかし、依頼が増えて忙しくなり、エージェントに頼らずに直接仕事が取れるようになり、マスコミに取り上げられて、単価や仕事の規模が大きくなるにつれて、素直さ・謙虚さがどこかにいってしまう方がたまにいらっしゃいます。

素直さという面は、先の自責視点と近いものがあります。いつも「言い訳が先に立つ」「タッグを組んでやっているのに、自分を守る言動ばかり」「クライアントからの依頼に、前向きに応えられない」。自分にはこうしたことがないつもりでも、ついつい出てしまうことがあるようです。

私は10年以上この業界で仕事をし、100人以上の講師・コンサルタントの方々と会ってきました。講師は難しい立場であり役割だと理解しています。

どうしても、上に立つ役割・言動が求められるのが講師です。勘違いしやすいポジションなのでしょう。

しかし、「講師としての役割や求められる立場を踏まえてする言動」と「謙虚さ、素直な気持ちをなくすこと」は明らかに無関係です。どんなに有名な売れっ子になっても、素直で謙虚な気持ちを忘れない講師は、「この先生は姿勢が違う！」とクライアントは認めますし、それは受講生にも伝わります。

エージェントやクライアントから、また一緒に仕事をしたくなると思ってもらえるような、「謙虚さ、素直さ」という視点をもっていると、相手には必ず伝わるものでしょう。

受講者をリードする強い役割と謙虚さのバランス

講師の役割の1つに、受講生がもっていない知識や技術を身に付けさせる、気づかせることがあります。受講生は知らない、気付いていない、できていないからこそ、講師が引っ張って、リードして、刺激を与えていくことが必要になります。この能力は、講師に不可欠な要素でしょう。それは昨今重要なスキルとなっている、ファシリテーション（受講生から引き出すコミュニケーション）スタイルの講師でも同様です。何かを引き出すには、仮説に基づきリードしていくことが求められるからです。

しかし、その一方で前述してきた「謙虚さ」も講師には重要です。「自分に仕事を依頼してくださった」という謙虚さや感謝・お礼の気持ち、登壇させてもらうことに恐縮する思いといった謙虚さも同時に必要です。

難しいのは、この**「リードする」こと**と**「謙虚さ」のバランスをとること**です。ややも

料金受取人払郵便

神田支店
承　　認

8175

差出有効期間
平成28年7月
14日まで

郵便はがき

101-8796

511

（受取人）
東京都千代田区
神田神保町1－41

同文舘出版株式会社
愛読者係行

毎度ご愛読をいただき厚く御礼申し上げます。お客様より収集させていただいた個人情報は、出版企画の参考にさせていただきます。厳重に管理し、お客様の承諾を得た範囲を超えて使用いたしません。

図書目録希望　　有　　　無

フリガナ **お名前**		性　別 男・女	年　齢 才
ご住所	〒 TEL　　（　　）　　　Eメール		
ご職業	1.会社員　2.団体職員　3.公務員　4.自営　5.自由業　6.教師　7.学生 8.主婦　9.その他（　　　　）		
勤務先分類	1.建設　2.製造　3.小売　4.銀行・各種金融　5.証券　6.保険　7.不動産　8.運輸・倉庫 9.情報・通信　10.サービス　11.官公庁　12.農林水産　13.その他（　　　　）		
職　種	1.労務　2.人事　3.庶務　4.秘書　5.経理　6.調査　7.企画　8.技術 9.生産管理　10.製造　11.宣伝　12.営業販売　13.その他（　　　　）		

愛読者カード

書名

◆ お買上げいただいた日　　　　年　　月　　日頃

◆ お買上げいただいた書店名　（　　　　　　　　　　）

◆ よく読まれる新聞・雑誌　（　　　　　　　　　　）

◆ 本書をなにでお知りになりましたか。

1．新聞・雑誌の広告・書評で　（紙・誌名　　　　　　　）

2．書店で見て　3．会社・学校のテキスト　4．人のすすめで

5．図書目録を見て　6．その他（　　　　　　　　　　）

◆ 本書に対するご意見

◆ ご感想

●内容	良い	普通	不満	その他（　　　　）
●価格	安い	普通	高い	その他（　　　　）
●装丁	良い	普通	悪い	その他（　　　　）

◆ どんなテーマの出版をご希望ですか

<書籍のご注文について>

直接小社にご注文の方はお電話にてお申し込みください。宅急便の代金着払いにて発送いたします。書籍代金が、税込1,500円以上の場合は書籍代と送料210円、税込1,500円未満の場合はさらに手数料300円をあわせて商品到着時に宅配業者へお支払いください。

同文舘出版　営業部　TEL：03－3294－1801

すると、相反するように見える資質です。リードする力が強すぎると、謙虚さがなくなったように受け取られるかもしれません。逆に、謙虚で控えめにしていたら、この講師は受講生をリードできるのかと不安に思われるかもしれません。

このバランスは、講師のスタンスとして、一朝一夕には得られるものではありません。重要なのは「リードする」ことと「謙虚さ」の両面が必要だと理解しておくことです。

問題解決視点での研修設計

私が企業研修の仕事を続けてきて理解したことは、企業の根本的なニーズは「企業の問題解決」であるということです。これまでにも何度かお伝えしてきました。

この真のニーズを理解しているかどうか、ここが講師として必要な考え方の入口です。人材育成を通じたクライアントの問題解決ニーズを捉えた研修を提供できる講師と、人材育成だけがゴールと捉えた研修をする講師。どちらが望まれるか、言うまでもないでしょう。筆者はこの考え方にたどり着くのに、数年かかりました。企業が人材育成をしてほしいと依頼してきて、人材育成の目的に沿った研修プログラムを提案しているのに、なぜが

人材育成を目的とした場合の研修プロセス

マナー研修

研修目的	人材育成
実施目標	店舗担当者の接客力向上
学習目標	・来店時の挨拶励行できる人材を育成する ・言葉づかいなどの改善を通じて、人間性を育成 ・お客様へのマナー向上を通じて、接客力向上
学習手段	・講義で知識吸収を中心に ・一般的なケースのシミュレーションで習得

問題解決を目的とした場合の研修プロセス

マナー研修

研修目的	企業の問題解決 抱えている問題が「店舗での客単価の向上」
実施目標	“客単価向上のための”接客力向上
学習目標	・来店時から、お客様に対する“観察力向上” ・お客様との“接点”を増やすコミュニケーション力 ・スタッフが、もう1品提案するトークの練習
学習手段	・学ぶ知識は、ピンポイントで要点だけ ・来店から着席～オーダー～配膳までのロールプレイング

成果が出ない。何回か失敗を経験しました。こういった問題が、この問題解決の視点をもつことでクリアになったのです。

具体例で説明します。

例えば、マナー研修。教える内容や教え方は千差万別です。しかしマナー研修を依頼する「真の目的」を「人材育成」と捉えるか「問題解決」と捉えるかで、どういったマナー研修を実施するかが変わってきます。

クライアントが、店舗での接客販売を行っている企業だとします。もし「人材育成視点」で研修プログラムを組み立てるとどうなるでしょうか。接客販売をしている企業の人材育成なので「接客販売担当者の〝接客力向上〟」が研修の〝実施目的〟となるでしょう。すると、研修の〝学習目標〟は、前ページ上図のように一般的な挨拶や言葉づかいなどのマナーを向上させることになってきます。では、その学習目標を達成できる〝学習手段〟はどうなるか、講義で知識を習得させて、シミュレーションで習得する、という形になっていくでしょう。

ここで、「問題解決」という視点で研修を組み立てるとどうなるでしょうか（前ページ下図参照）。企業が抱えている問題が「客単価向上」にあったとします。すると研修の実施目標は「客単価向上のための接客力向上」となります。すると〝学習目標〟は「お客様に対する提案販売力向上、お客様との接点を増やすコミュニケーション力」となります。〝学習手段〟も、座学ではなく店舗の実情に合わせ、もう1品オーダーしてもらうためのロールプレイング中心の研修、というように変わってきます。人材育成だけを目的と捉えた場合と比較して、より深い内容・実施方法となるのです。このように、研修の目的をどこに置くかで、学習内容も習得方法も変わってきます。

このように、企業研修の講師が忘れてはいけないのは「問題解決」という視点なのです。「人材育成」の視点で研修プログラムを組み立てることと、「問題解決」の視点で研修プログラムを組み立てることの差は大きいのです。

注意すべき点は、相手の担当者が「人材育成だ」と言っていても、講師はそれを真に受けずに「問題解決視点」で捉えてみるということです。担当者も間違えているわけではないのですが、そこは講師が一枚上手となり、「問題解決視点」であると理解し、研修を設計、デザインすればよいのです。

講師に必要な5F(Five Force)視点での研修設計

次に挙げられる「視点」は、研修にまつわるステークホルダー（利害関係者）にまつわるものです。

みなさんは、研修を実施する際に、誰を意識して講義していますか。あるいは、どのような視点で研修を企画設計していますか。

筆者は、研修会社の担当者として、このことをずっと考えていました。自身が講師として登壇する際にもずっと悩んできました。

研修の企画を打ち合わせているときには、当然、目の前の研修発注者（事務局）のことを一番考えています。しかし、登壇すれば、目の前の受講生たちが一番大事です。さらに、傍聴という形で、事務局の方や受講生の上司などがやってきます。研修終了後、課題や宿題の添削などをしていると、受講生のクライアント（顧客、取引先）の話がその中に出てきて、その受講生のクライアントのためになる研修ができているのか、気になりました。

このように、研修を実施するということは、多種多様な方々に影響を与えており、逆に言えば、講師は多種多様な方々を意識する必要があるのです。私は、研修において影響を与える存在を5つにまとめました。どれかだけが重要なのではなく、この5つの視点を意識して研修を設計すべきだと考えたのです。

それが、5F（ファイブフォース：Five Force）です。

マイケル・ポーターの著書『競争の戦略』のファイブフォース分析のように、研修に影響を与える要因を5つにまとめました。それぞれ見ていきましょう。

①受講生

研修を受講する対象者です。ほとんど

研修実施にあたってのファイブフォース

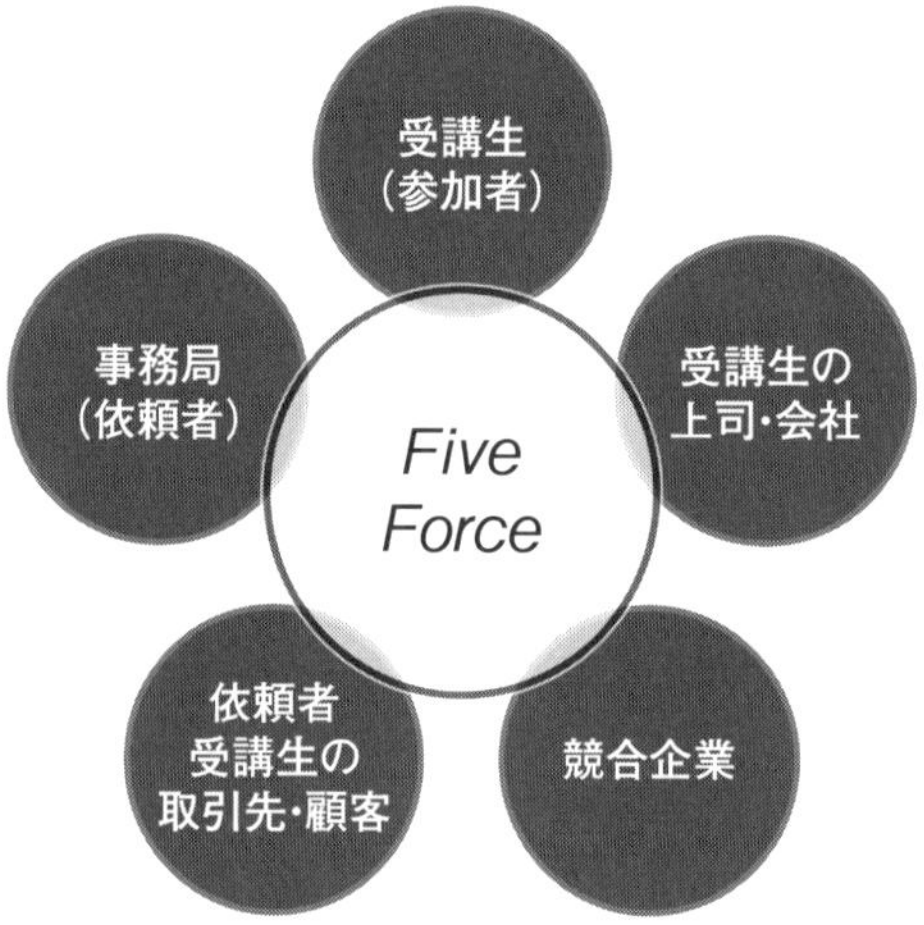

受講生
（参加者）
事務局
（依頼者）
受講生の
上司・会社
Five
Force
依頼者
受講生の
取引先・顧客
競合企業

の場合、受講生は自ら研修を企画していません。企業の事務局や経営層による企画で、参加して（させられて）います。当然受講生の中には、研修への参加を喜んでいる人と批判的な人、そのどちらでもない人が存在しています。この企画していない、参加意欲がばらついているという点が最大の特徴です。ただし、受講生が抱える研修課題については、事務局など企画側で、ある程度共通のカテゴリーに絞られています。

講師としては、当然一番気にしなくてはならない存在・対象です。この5F分析を行う上で、特に留意すべき点は、「事務局から伝えられた受講生」と「実際の受講生」の差異です。事務局から伝え聞いた受講生の姿、状況、問題や課題が、実際の受講生と食い違っていることがたまにあるのです。また、講師側の思い込みと実際の受講生のズレにも注意する必要があります。マスコミやその他過去の情報から、企業のイメージが講師の中にできあがってしまい、思い込みが発生するからです。実際の受講生との事前面談、視察、ヒアリング、アンケートなどで実情報をできるだけ得て、あらかじめギャップを解消しておきたいところです。

②事務局（研修企画者）

研修を企画・運営している主体です。多くの場合、人事部や人材育成部などの専門部署、あるいは現場の管理職、企画担当者が該当します。

ここでも「ギャップ」や「ズレ」が生じている可能性があります。会社の上層部から依頼されて実施する研修の場合、会社の上層部と事務局側で、問題や課題の捉え違い、問題意識のズレなどが生じている恐れがあるのです。また、前述の受講生と事務局のギャップも当然あります。この3つのステークホルダーそれぞれが異なってずれていることもあり、その場合は根が深いです。上層部、事務局、受講生がそれぞれバラバラな問題を抱え、課題意識に濃淡があり、さらに学習目標も異なって受け取っていたら、研修は成功しません。

おすすめの対策は、「各所からの情報（事象・論点）が本物かどうか」「その情報の出所はどこか」を確認し、構造化していくことです。誰がどんな問題について論じていて、どんなズレやギャップがあるのかを確認していくのです。このズレを確認して研修を設計すると、研修当日にあわてることは減るでしょう。

③受講生の上司

受講生を研修に派遣する直属の上司（管理職）です。彼らのミッションは、部門や担当業務のミッションを達成させることです。次に、部門メンバーの育成に、ＯＪＴ（＝On the Job Training）を通じて関わっていくことです。通常は、業務を通じて、上司、先輩、そして後輩という組織メンバー全体を通じて組織力向上、個人の育成を行っています。それに対して研修は、Ｏｆｆ－ＪＴです。業務やいつものメンバーと離れて研修に向うのです。

上司としては、研修に部下を送り出す際に、2つ相反することを考えることがあるようです。1つは、研修を受講して知識やスキルを習得し、本業に活かしてほしいという思い。もう1つは、忙しい業務の合間に研修に時間を取られてしまってもったいない、本当は業務を進めてもらいたいという密かな本音です。この本音は口には出さないことがほとんどですが、研修で得た成果を業務に活かしてほしいという強い思いにつながっていくことがほとんどです。研修を企画している事務局より、研修の成果について強烈な思いや期待を持っている上司も多いのです。

講師としては、そういった上司の思いや現場での課題などを少しでも共有したいところです。企画者である事務局、対象者である受講生、そしてその上司。この3つの社内ステークホルダーを意識することは、設計において重要です。社内の利害関係や組織の壁、社内の問題点をうかがい知ることができるため、より深みのある研修プログラムが提供できるかもしれません。そして講師が研修中に発する言葉1つひとつがより実情に合ったものになり、研修の実施・運営がスムーズになることでしょう。場合によっては、講師と受講生が共感するための1つの大きなスイッチになるのです。

④受講生や依頼者の取引先・顧客

ここまでは社内のステークホルダーについて説明してきました。ここからは社外で、研修に影響を与える存在です。それは「クライアント」「取引先」「顧客」「営業先」で、研修の設計を、お客様の存在を踏まえて行うのです。営業・マーケティング系の部署に所属している人には意識しやすい項目かもしれません。では、人事部や総務部、経理部などのバックオフィス業務に携わる方であれば、この項目は何をイメージすればよいでしょうか。私は「企業全体としてのお客様」と「社内顧客」の両方をイメージしてもらうことがベストではないかと考えています。バックオフィス業務は、社内各部署の業務を後方で支えていることがほとんどです。しかし、その社内各部署の業務の先には、やはり取引先・顧客がいるのです。そして、その社内各部署という「社内顧客」も重要な顧客です。または、自社に素材や原料、その他を納入してくれている「パートナー」「購買先」と捉えてみてもいいかもしれません。

講師としては、どういった視点で考えればよいでしょうか。企画者である「事務局」や「受講生」の研修ニーズ、さらには「上司や経営層」の声だけでなく、この「取引先・顧客」にまで目を配るのです。まず、新聞やネットなどで掲載される一般的な情報から〝どんな業界・規模・商品を扱っている会社か〟〝取引先・顧客はどういった企業・業界か〟

という点に着目します。社内の関係者だけに目を配って、研修プログラムを企画したり講義を行うのとは、大きく異なるはずです。

また、より深い視点で企画実施したいのならば、足で情報を取りに行くのもいいでしょう。例えば、事務局を通じてクライアントの取引先・顧客の生の声を入手したり、自分自身が消費者となって、クライアントの商品やサービスを一回でも体験・利用してみるのです。これにより、一段上の提案や問題提起ができるかもしれません。

⑤受講生（企業）の競合企業

最後のステークホルダーは、受講生の所属する会社の「競合企業」「ライバル企業」「ベンチマーク企業」です。「取引先・顧客」を考えるのであれば、この「競合企業」まで視野に入れるのは当然かもしれません。自社の取引先・顧客がいれば、その取引先・顧客に同じように商品・サービスを提供する自社の「競合企業」がいるはずだからです。

企業研修の最終的な実施目的は企業の問題解決であると説明しましたが、それは企業の経営課題の解決につながっていくはずです。その経営課題には、自社の競争戦略も当然入ってきます。だとすれば、研修を企画する際に「競合企業」の存在を意識して設計・実施することが、より現場の課題解決につながっていくのではないでしょうか。

講師としては、「取引先・顧客」を見る際と同様に、競合企業が「どんな企業体質・経営状況で、どんな商品・サービスを扱っていて、業界順位がどれくらいか」などをチェックすることが必要でしょう。

このように、講師が企業研修を設計・実施する際にもっていただきたい視点、それが「5F（Five Force）」です。新入社員研修や課長研修などの階層別研修でもこの視点は活用できます。その新入社員や課長に関わる「受講生」「事務局」「上司」「取引先・顧客」「競合企業」を意識して、研修の内容や扱う事例などを変えていくことが可能です。

講師の受講生や企業への愛情・熱意

この章の最後でお伝えしたい「スタンス・視野」は、講師の受講生や研修発注企業への「愛情」です。「愛情」というと、ビジネスとはかけ離れた言葉と感じられるかもしれません。

しかし「研修」は〝ヒトとヒトが学び合う場〟です。決して、パソコンやネットが学びを授けてくれたり、気づきを与えてくれるわけではありません。講師と受講生、受講生同士、受講生と事務局、こうした〝ヒトとヒト〟が、さまざまな情報や刺激、きっかけを通じて学習する場です。であれば、その教える〝ヒト〟が受講生に愛情を持っていなかったとしたら、すぐに受講生は「この講師は単純に仕事として講師業をしているだけだ」と気付くでしょう。事務局側としても、受講生に対する愛情が感じられない講師には、次の仕事をお願いしないでしょう。

ここで言う〝愛情〟とは、「目の前の受講生を何とかしてあげたい！」「問題に悩む企業を助けてあげたい」という気持ちのことです。すべては、こうした「力になりたい」という思いや熱意からスタートするのではないでしょうか。講師に、この思いや熱意がなければ、どんなに素晴らしい経歴、実績、コンテンツをもつ講師であっても、「よい講師」とは言えません。

この章でお話ししてきたことは、講師から見れば、なかなか大変なことです。でも、そんなトライをし続ける講師が、クライアントやエージェントの担当者は「この先生とまた仕事がしたい」とか「この先生は他の先生とは違う」と感じさせるのではないでしょうか。

本章の初めに「売れない講師には戦略がない、続かない講師には愛（スタンス）がない」と記しました。愛は、一度お付き合いしてみないと感じ取れません。あるいは測ることもできません。逆に一度でも研修という仕事を一緒にやってみると、姿勢や愛情という熱意があるかどうかすぐにわかります。だからこそ、〝続かない講師には愛がない〟と表現しました。

ただ、姿勢や愛情はわかりにくいので、最初に講師として選ばれないと、感じ取ることはできません。まずは、感じ取っていただくチャンスが必要なのです。そのチャンスをもらうためには、次章の「戦略」が重要となるのです。

6章

選ばれる講師になるためのマーケティング戦略

講師に必要なマーケティング戦略

5章では、「仕事をまたお願いしたい」と依頼される研修講師に必要なスタンスや視点について解説してきました。この章では、次に「あなたにこそお願いしたい」と選ばれる講師」になるにはどうしたらよいかという部分について解説していきます。

前章の「スタンス・視点」の話と、本章の「マーケティング論」を改めて整理してみたいと思います。繰り返しになりますが、本章の「選ばれるために」という視点だけ追い求めてもうまくいきません。まず、講師としての「スタンス・視点」があって、そのうえで「選ばれるための戦略」が必要なのです。

しかし、講師を選ぶ側からすれば、両者を同時に認識することはできません。相手の立場から、最初は「戦略面」しか見えないはずです。「スタンス・視野」は、一緒に仕事をしてみるまではなかなかわかりにくいのです。つまり、最初に講師を選ぶ際にポイントとなるのは「戦略面」であり、その後「スタンス・視野」が伝わっていく、という順番となるのです。

本章では、まず「選ばれる」ために必要なマーケティング戦略についてお伝えしていきます。

コアとなる部分は、「あなたは、何の講師ですか?」という問いに対して、簡潔明快に答えられるか、しっかりと伝わっているか、という点です。「選ばれる」ためには、「私は△△の講師です!」と、一言で伝えられるようになっていることです。ここをSTPでしっかりとつくり込むことです。そのうえで、それを体現する商品・価格を用意し、販促やチャネルを通じて伝えていく＝マーケティングするのです。

講師のマーケティング戦略の全体像

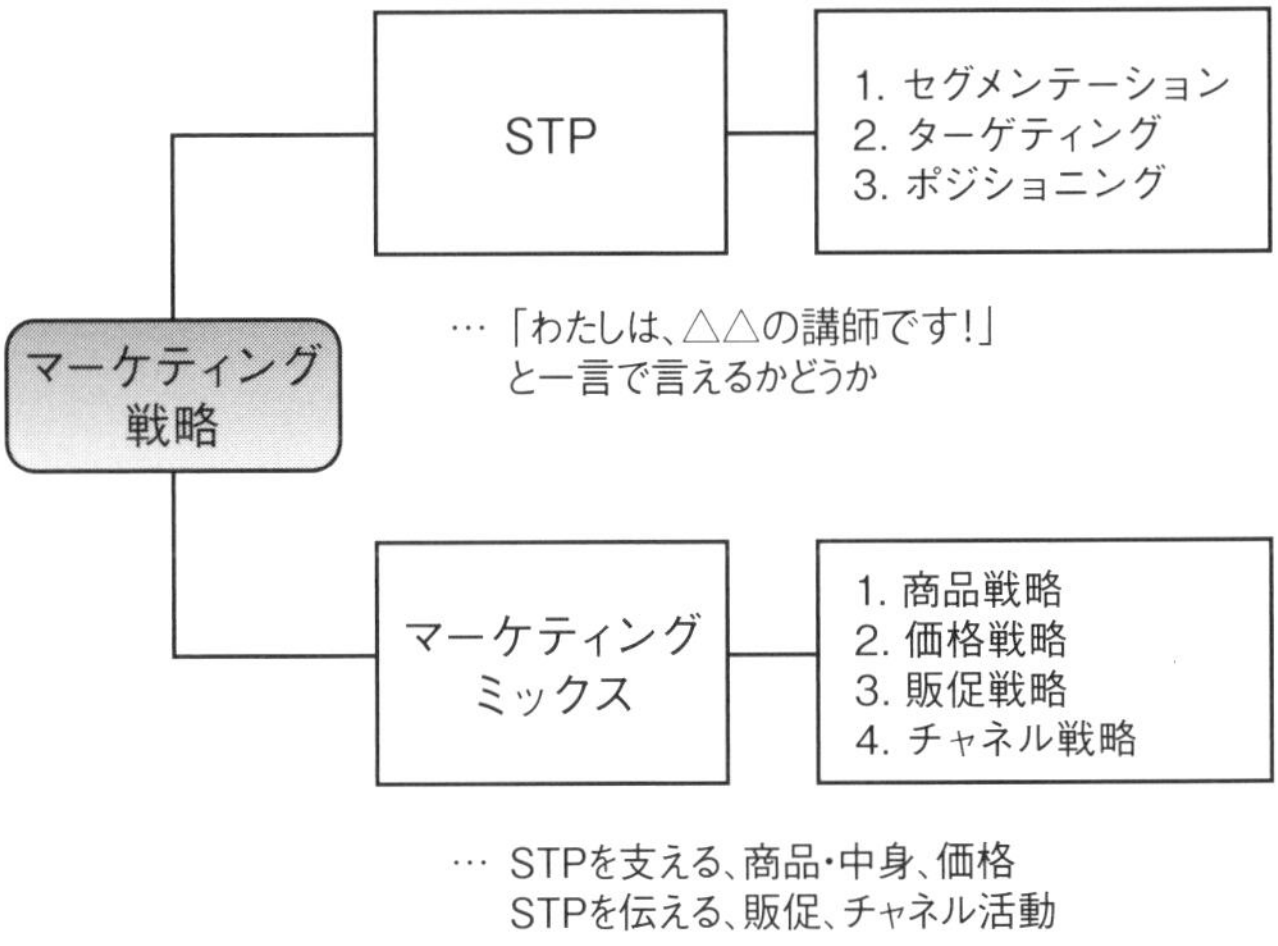
STP
1. セグメンテーション
2. ターゲティング
3. ポジショニング
マーケティング戦略
…「わたしは、△△の講師です!」
と一言で言えるかどうか
マーケティングミックス
1. 商品戦略
2. 価格戦略
3. 販促戦略
4. チャネル戦略
… STPを支える、商品・中身、価格
STPを伝える、販促、チャネル活動

マーケティング戦略の全体像（STPと4P）

マーケティング戦略は、第一段階として「STP」、第二段階として「マーケティング4P」という2つのステップがあります。講師のマーケティング戦略においても、この2ステップがあるということをまず認識してください。

戦略とは、「捨てること」であり「絞り込むこと」であると言われます。講師のマーケティング戦略も同様です。なぜならば、「どんなテーマの研修もできます」という講師には、研修講師を頼まないからです。「あのテーマだったら、○○先生！」という評価であったり、「この業界の仕事は△△コンサルタントに頼むしかない！」というレベルを目指しましょう。

そのためには、「何かに絞り込む」「強みを打ち出す」必要があるのです。例えば、研修のテーマを絞る、研修対象者の階層を絞り込み、優位性を訴求するのです。そのプロセスにおいて必要な視点が、STPなのです。

STPとは、S＝セグメンテーション、T＝ターゲティング、P＝ポジショニングという3つの要素のことで、セグメント（区分け）した、あるターゲット（対象）に、自分の居場所（ポジション）を明確化・明示することです。誰に対して、どんな領域で、差別化された独自性をもっているかを明確にすることです。

講師の場合、選ばれるための「カテゴリー」「テーマ」「ソリューション」「差別化」を、このSTPで明示していくことが必要です。**「私は□□の分野のプロです！」と内外から認識されている状態を目指す**のです。

例えば、「量販チェーン本部への営業研修のプロ講師です！」「高額商品・サービスの接客販売の専門講師です！」といった具合に、専門性の高い得意分野を

講師のマーケティング戦略の全体像

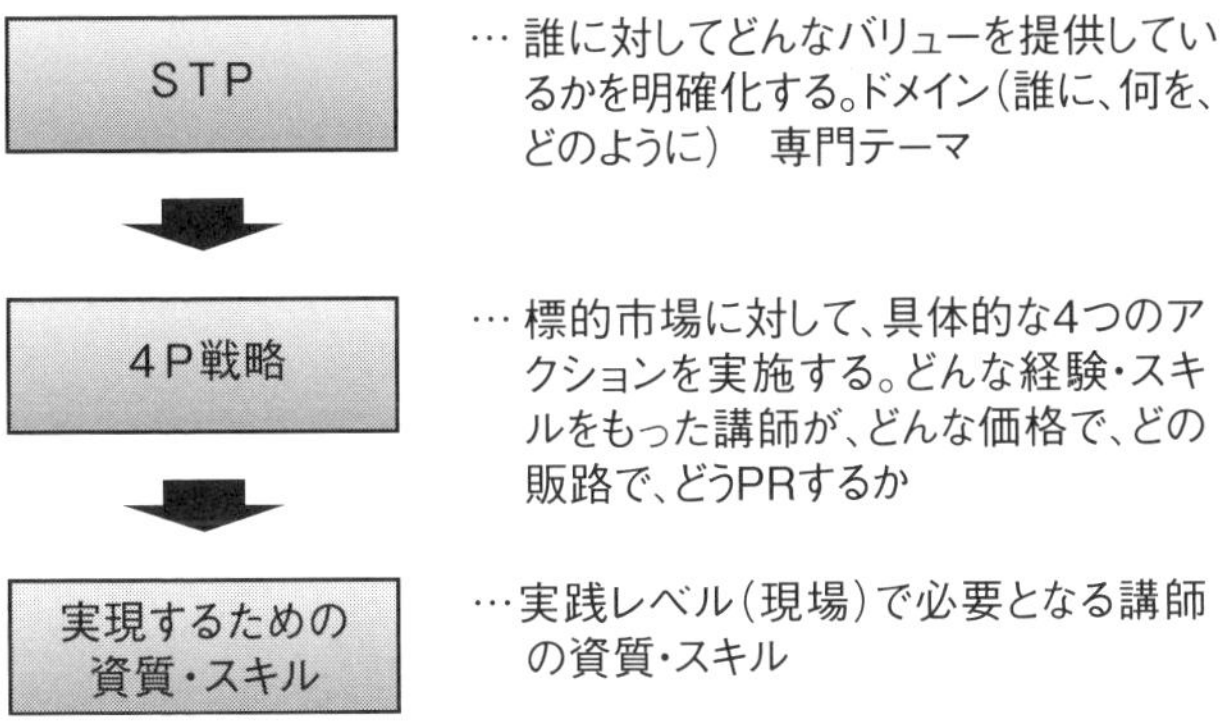
STP
…誰に対してどんなバリューを提供しているかを明確化する。ドメイン（誰に、何を、どのように）　専門テーマ
4P戦略
…標的市場に対して、具体的な4つのアクションを実施する。どんな経験・スキルをもった講師が、どんな価格で、どの販路で、どうPRするか
実現するための資質・スキル
…実践レベル（現場）で必要となる講師の資質・スキル

明確化させていくわけです。

このＳＴＰの次に行うのが「マーケティングの４Ｐ」です。４つのＰとは、Product＝プロダクト（商品力）、Price＝価格（価格体系）、Place＝場所（チャネル・販路）、Promotion＝販促（プロモーション・販促）のことです。

ＳＴＰで決めたターゲットに対して行う、４つの具体的アクションです。

このマーケティング戦略の大きな流れ「ＳＴＰ」→「４Ｐ」のポイントが、講師のマーケティング戦略にもそのまま適用できるのです。

ＳＴＰを決める具体的な軸とは

では、ＳＴＰそれぞれをみていきましょう。

Ｓ＝セグメンテーション（Segmentation）

セグメンテーションは、セグメント＝分ける、区分けする、ことです。お客様から「この領域の先生なのだ」と明確に理解してもらうために区分けをするのです。領域をはっきりさせ、「線引き」「軸」「範囲」を明らかにするのです。

このセグメンテーションをしていくにあたって重要なのは、市場（顧客）ニーズから考える、ということです。自分が知っていることや自分ができることだけで考えてはいけません。お客様が、どのような市場の区分けの仕方をしているかという点が大事です。

研修講師に関わってくるセグメンテーションには、例えば「階層別」という軸がありま す。新入社員、若手（20代）、中堅（30代）、課長職、部長職といった具合です。その他にも、「業界別」「スキル別」や「講義方法別」などの分け方がいくつかあるでしょう。

市場（顧客）ニーズに基づいてセグメンテーションを考える際に役立つのが、企業やエージェントがホームページや会社案内などで公開している、研修体系や研修コース一覧です。これは、ある程度一般的なセグメンテーションに基づき、分けられていることが多いからです。

しかし、一般的なセグメンテーションだけでは、なかなか新しい区分けは打ち出せません。そこで、自分のオリジナリティを出すための新たな軸や区分けの仕方を考えてみます。例えば、世の中にあるカテゴリーをいくつか掛け合わせてみたり、細分化してみることで、オリジナルのセグメントが見つかることがあります。

T＝ターゲティング（Targeting）

セグメンテーションの次はターゲティングです。セグメンテーションしたいくつかの領域において、「自分がどの領域を主要ターゲットとするか」を決めていくのです。講師という商品を、「誰相手に向けて売り込むか」を決めることです。

その際、ただやみくもに決めればいいわけではありません。自分の好き勝手にやってはダメなのです。重要なことは、ターゲティングの「理由」「意図」「目的」を明確化することです。その理由や目的をはっきりさせるために、いくつかの軸や判断基準を使います。その軸は4つあります。

- **市場ニーズ・規模（Needs）**
- **市場獲得性（Match）**
- **自身の商品としての便益・効果性（Benefit）**
- **自身が今後取り組んでいきたい領域かどうか（Will）**

この4つの軸で、自分のターゲティングを設定するのです。1つずつ見ていきましょう。

「市場ニーズ・規模」（Needs）は、研修ニーズの大きさや発注数などが該当します。そのターゲットの規模が大きいのか小さいのかという視点です。ターゲットとしたいと思っても、市場がなかったりニーズが小さいのであれば、そこは避けるべきかもしれません。

次に「市場獲得性」（Match）です。市場規模の大小も重要ですが、自身がそのターゲットを獲得できるかどうかも大事な視点です。どんなに大きなターゲットでも、自社（自分）でリサーチできるかどうか、といった検討が必要です。

「自身の商品としての便益・効果性」（Benefit）は、講師である自分が、そのターゲットに対してどれだけの効果を果たせるか、便益（ベネフィット）を提供できるか、という視点です。

最後は、「自身が今後取り組んでいきたい領域かどうか」（Will）という視点です。これは、現在、自身が提供しているサービス・商品からさらに進化発展させていき、どの領域まで取っていきたいかという将来の目標を示すものです。

講師ならば、当然自身のスキルや情報などは更新されていくはずです。一方、市場ニーズも移り変わっていきます。その中で将来性を見越して、自分がどの領域でプロとしてやっていきたいか、その将来的な意思をターゲットに盛り込むのです。いわば将来ビジョンを含んだ軸と言えます。

このように、ターゲティングではいくつかの軸を使って、どのセグメントを重視するか、どこに刺さりそうかということを確認し、調整を行っていくのです。

P＝ポジショニング（Positioning）

ＳＴＰの最後は、ポジショニングです。セグメント（区分け）して、選んだターゲット

STPとは

Segmentation … セグメンテーション（顧客のニーズごとに、市場を区分けすること）

- 階層別
- テーマ別
- 部門別
- 講義方法別
- インプット アウトプット

Targeting … ターゲティング（区分けした中で、優位性が発揮でき、自社に合致する市場を選択すること。複数の軸を使って検討する）

- 市場ニーズ 市場規模
- 市場獲得性
- 便益・効果
- 獲得意思

Positioning … ポジショニング（ターゲティングした市場に対して、自らのポジションを確立すること。顧客ニーズを満たし、独自性が受け入れられるか）

- 経歴
- 実践
- 提供方法
- 提供価値
- 提供価格

（標的市場）に対して、自身のポジション（居場所）を確立し、競合企業（講師）との違い・差別化を明らかにすることです。その結果、次ページの図のように「誰に」「何を」「どのように」というフレーズに落とし込んでいきます。この「誰に」「何を」「どのように」は、ドメインとも呼ばれます。ポジショニングを設定する際に重要となる判断材料は、「優位性」と「受容性」の2つです。「優位性」は、セグメントされたターゲットに対して、自身が「最適である」「他の講師より優れている」ことを明示することです。明示するものとして、自身の経歴や実績、プロフィール、研修などのコンテンツ、さらには顔写真なども含まれてくるでしょう。そうした情報によって「このターゲットは、私という講師が担当させていただくのがベストです」と相手に訴求していくのです。

「受容性」は、発信するポジショニングがしっかり相手に受け止められるかどうか、ということです。つまり、経歴やプロフィールなど示して、相手がそれを「独自性がある」「優位性がある」ときちんと受け止めてくれるかどうか、という点です。言い換えれば、独りよがりになっていないかどうかということです。

つまり独自性はあるものの、顧客や市場から「その領域の存在を知らない」あるいは「その領域に対して関心がない」という反応にならないかを確認・チェックするのです。懇意にしているクライアントに尋ねたり、講師仲間に相談してチェックするのがいいでしょう。

１つ留意いただきたいのは、ＳＴＰだけで完全な差別化を行い、独自性を出すことは不可能であるということです。誰も参入していない市場、セグメントというのは実際にはなかなかないものです。自身が開拓者として新たなカテゴリーやゾーンをつくることは難しいものだと思います。

そのため、「選ばれるための情報としてのＳＴＰを明確にする」ことを優先してください。もっと言えば、「ＳＴＰがない、不明確な」状況を回避していくことを目指すのです。それはＳＴＰの先の部分で勝負していくということです。次に解説する「４Ｐ」の中で独自性を発揮

講師のSTPを固める

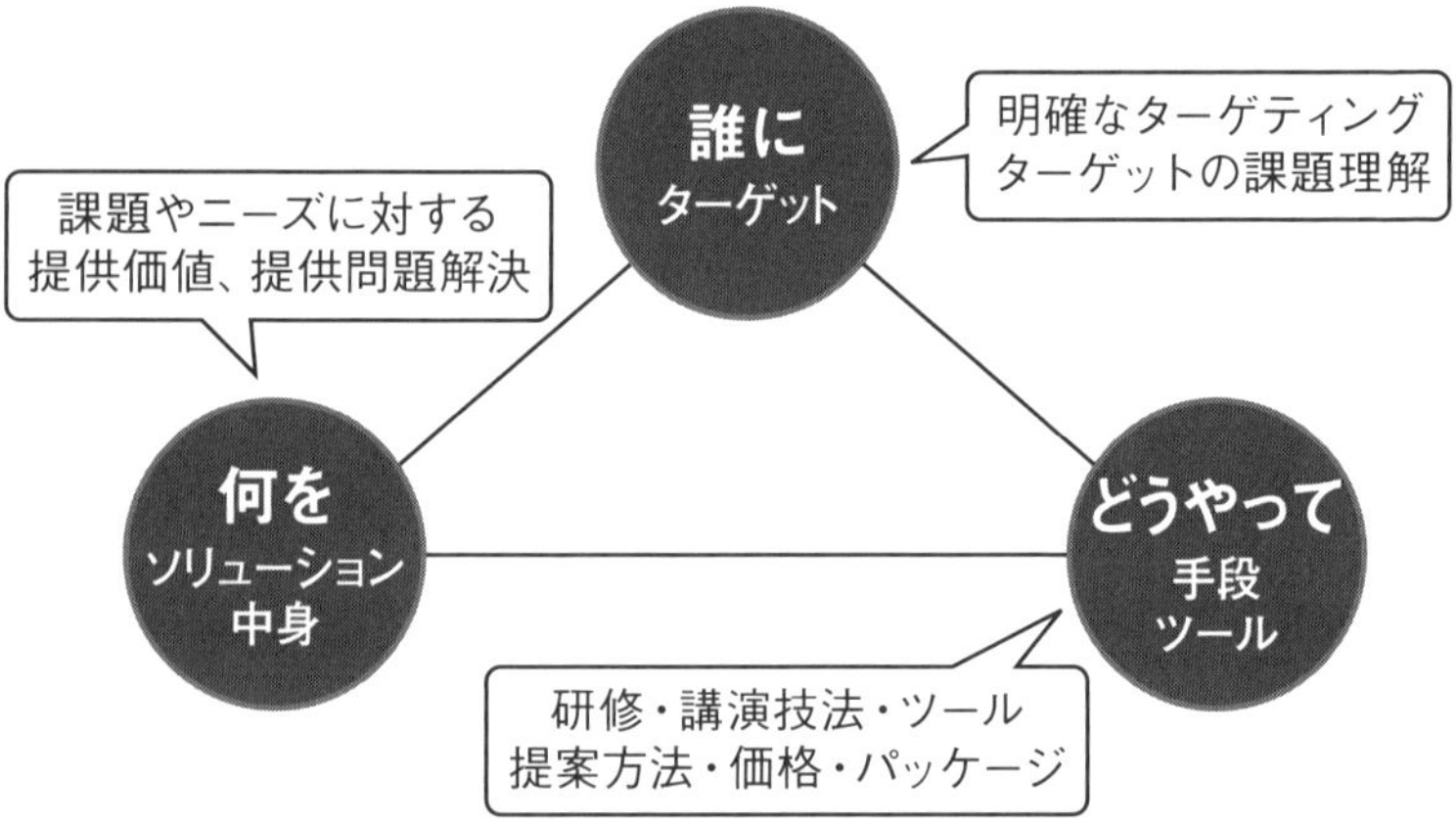
誰に
ターゲット
明確なターゲティング
ターゲットの課題理解
課題やニーズに対する
提供価値、提供問題解決
何を
ソリューション
中身
どうやって
手段
ツール
研修・講演技法・ツール
提案方法・価格・パッケージ

し、差別化を図っていくのです。例えば「大手量販店攻略の営業研修」というSTPゾーンを選択したのならば、そのうえで講師のプロフィールや実績、講師料という価格などで差別化をしていくのです。

大事なことは、STPがあなただけのものではなく、クライアント企業やエージェントにしっかり伝わっていることです。この段階でようやく「選ばれる講師」としてのスタートラインに立ったと言えるでしょう。

講師の商品戦略(Product)

次に、マーケティング4Pの戦略を見ていきましょう。4Pとは、商品(Product)、価格(Price)、販促(Promotion)、販路(Place)の略で、いずれもマーケティングの重要な要素といえます。

最初は、講師の商品戦略です。一般的なマーケティングにおける商品戦略では、製品ラインナップ、品質、デザイン、ブランド、パッケージ、付帯サービス、プロダクトライフサイクル、などのテーマが出てきます。

ＳＴＰで決定したドメインを基に最初に検討すべき点は、「講師の商品戦略」です。ＳＴＰで設定した「誰に、何を、どのように」という要素を、講師が提供する具体的な〝商品〟として設定するのです。

商品戦略　＝　商品力　×　解決力

商品力とは、講師が講師の仕事をするにあたりもっているもの、備わっている能力のことです。さらに商品力は、「講師の源泉」と「コンテンツ・パッケージ」の２つに分解できます。

商品力　＝　講師の源泉　＋　コンテンツ・パッケージ

「講師の源泉」とは、講師自身のこれまでの実務経験、講師経験や実績、講師活動以外の実績（著書や記事執筆、プロジェクトの経験など）、そしてそれをまとめたプロフィールが含まれます。この講師の源泉はとても重要なものですが、残念ながら、後から大幅に改善したり、強化していくことが他の項目と比較して難しいものです。経歴やプロフィールなどは、変えることができません。実績やスタンスなどは、その後の積み上げや経験の蓄積によって改善・強化することは可能です。

「コンテンツ・パッケージ」とは、講師が提供できるモノやサービスを、商品としてまとめたものを指します。具体的には、ドメインや研修プログラムコース一覧表、さらには

講師の商品戦略

商品力
解決力
講師の源泉
コンテンツパッケージ
ソリューション
デリバリー
ビジョン
実務経験
講師実績・経験
講師プロフィール
講師スタンス
人間性
ビジネスマナー
一言ドメイン
研修プログラム
研修コース一覧
研修以外の商品一覧
コンテンツ体系化
パッケージ化
顧客業界理解
企業理解
課題発見力
仮説設定
インストラクショナルデザイン
ドキュメンテーション
研修導入環境構築
プレゼンテーション
傾聴・ヒアリング力
質問・投げかけ力
フィードバック力
ファシリテーション力
メタファー(比喩)力
エンターテイメント力
タイムマネジメント力
研修環境構築力

研修パッケージのことを言います。STPをしっかり定めていれば、コンテンツのパッケージ化はそれほど難しくないでしょう。「私はこの領域のプロです」ということを、「こういう商品パッケージがあります」と明示するのです。なお、コンテンツ化、パッケージ化の際には、価格や取引条件、提供方法なども盛り込んでいく形になります。

次に「解決力」ですが、これも「ソリューション」と「デリバリー」の2つに分解できます。

解決力　＝　ソリューション　＋　デリバリー

「ソリューション」は、講義スキル以外の研修の企画から実施後を通じて必要となるスキルです。例えば、顧客理解やクライアント企業の理解力、さらに課題発見力、そしてインストラクショナルデザイン（研修設計力）などです。要するに、講師がもっているベーシックなコンテンツを、そのクライアントにどれだけカスタマイズ、企画できるかということです。

インストラクショナルデザインは、研修プログラムを作成する際の分析、設計、企画をするスキルのことです。ソリューションの中で、見落とされがちなスキルがあります。それは「研修導入環境構築力」です。これは、研修当日によりよく研修がスタートできるように、周囲の環境や状況をつくり上げていくことです。具体的には、研修の事務局と協働して、研修の実施意図をより深く理解してもらうための案内を出す、受講生の上司にも研修目的を理解してもらう、さらには研修の事前課題を出し、受講生の参加意欲を高める、といったことです。こうした細かい点まで視野に入れて、研修の設計を行える講師をぜひとも目指してみてください。

「デリバリー」は、研修当日に必要とされる講師スキル、言い換えれば講義スキルのことです。プレゼンテーション、傾聴・ヒアリング力、ファシリテーションなどの各種スキルです。よく、講師に問われるスキルというと、この項目だけが取り上げられがちです。しかし、講師に必要な商品戦略としては、この部分はほんの一部であり、この部分だけを磨いても駄目なのです。ただし、ここが決定的に弱いと講師として成り立たないのも事実ではあります。

講師には、さまざまな講義スキルが必要だと言われます。真っ先に思い浮かべるのは「プレゼン」スキルですが、質問や投げかけによって「引き出す」スキル、さらにグループワークや演習などによって「仲間から気付かせる」スキルも必要です。その他、適切な事例を選んで説明したり、比喩を使って解説したり、時には会場を盛り上げるためにピエロ役を買って出たりと、いろいろなスキルを駆使しています。

例えば、キャリアテーマの講師であれば、プレゼンテーションスキルより質問・投げかけ力、ファシリテーションスキルのほうが重要でしょう。逆に、経営者対象の講演であれば、エンターテイメント力やプレゼンテーションスキルがより重要かもしれません。

そして、もう1つ忘れられがちなスキルが、タイムマネジメントです。5章でもお話ししましたが、余談・脱線が多くて予定していた学習項目がこなせなかった、予定の終了時間を大きくオーバーしてしまった、という事態をときどき見かけます。その原因はさまざまだと思いますが、タイムマネジメントのスキルは欠かせません。

講師の商品戦略のポイントは、全般的にレベルアップしていくのではなく、自分が設定したSTPに沿って、有効に働くもの、重要なものから強化していくことです。例えば、そのテーマについて話すためにプロフィールが弱いと感じたのならば、実績を棚卸ししてそのテーマについて話すためにプロフィールをわかりやすくまとめる。研修コンテンツのカスタマイズがより重要であると考えるならば、顧客理解やインストラクショナルデザイン力を高めるといった具合です。

講師のプロダクトライフサイクル

商品戦略の最後に、「プロダクトライフサイクル」について説明します。一般的なマーケティングの教科書には、商品には栄枯盛衰、つまりライフサイクルがあり、そのステージごとに対応を考える必要があると書かれています。そのステージは、商品が市場に導入された頃（導入期）、商品が売れ始めた頃（成長期）、最も売れている頃（成熟期）、そして売れ行きが落ちる頃（衰退期）の4つに分かれています。私は、このプロダクトライフサイクルの考え方が研修講師にもあ

講師のプロダクトライフサイクル

- 鮮度を落とさずに稼働を増やす
- 鮮度が落ちて、稼働日数が減ってくる

153

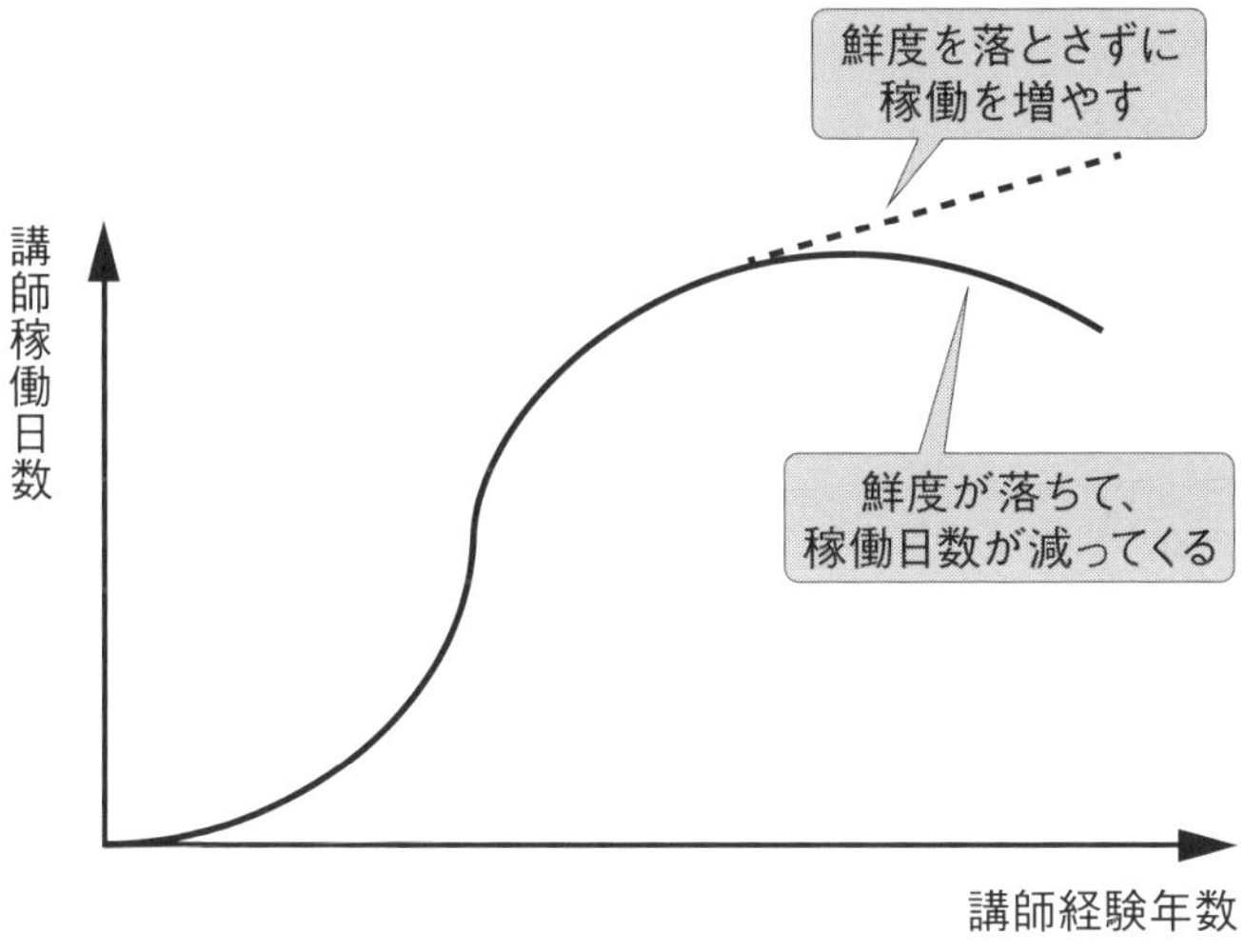

る程度当てはまるのではないかと考えています。

長年、研修講師として活動していると、どうしても「鮮度」が落ちます。成熟期を過ぎた頃です。それは、企業などの現場にいた頃の感覚が失われ、現場の実情に疎くなってくることや、外部環境が変化してきて講師がそれに対応できなくなる、さらに競合講師が同じステージに登場して比較される、という3つの要因があります。

私は、このライフサイクルのまま衰退してしまった講師と、途中で対策を打って復活を果たした講師の両方を見てきました。外部環境の変化は、常に起こり得るものです。例えば、10年ほど前から、パソコンやパワーポイントを使った研修がごく当たり前になったことは大きな変化でした。その他、グローバル化やネット環境の発展なども、講師の鮮度に大きく影響したと言えます。

こうした外部環境の変化に対応し、講師の鮮度を維持していくにはどうしたらいいでしょうか。私が見てきた「鮮度を維持する工夫」をしていた講師は、次の3つの方法を取っていたようです。

①企業の現場にいる方々との交流会や勉強会などを主催し、最新動向や市場ニーズをキャッチアップし続ける

この方法は、とても効果的な活動と言えます。企業の現場にいる方とのネットワークをつくることで、最新情報や事例を収集するとともに、彼らから仕事の案件や相談を受けることができるからです。単なる勉強会、交流会ではなく、そこを情報収集の場、発信の場からさらにビジネスの場としてしまうのです。

しかし、勉強会や交流会を定期的に開催・維持していくためには、会場予約や参加メンバーの調整など、手間暇がかかります。特に、同じ業界や職種の方々が集まるので、そこに利害関係がある場合、運営しにくい場合もあります。

②いろいろな仕事に手を出さずに、自分のドメインの仕事だけに集中することで専門性をさらに高める

ドメインに忠実に、その業界を深掘りし、それ以外の領域には展開せずに進めるやり方です。

専門外の仕事は断り、自分のドメインの仕事であればフィーの額にこだわらない、内容によってはボランティアでも取り組むぐらいの勢いで取り組むのです。「あの分野ならば、上から下まであの先生」と言われるぐらいを目指すのです。すると、その業界のさまざまな情報が集まり、お金をかけずに相談できると現場の方の関心も高まります。しかしこの方法も、専門テーマを絞り過ぎてしまうリスクがあり、お金にならない仕事ばかり増えてしまうなどのデメリットもあります。

③自身で専門領域の事業を行ってしまう

実業を、講師自身が副業で行ってしまう方法です。ある小売業界向けの研修講師は、実際にその小売業のチェーンに加盟して店舗オーナーとなっているそうです。これには驚きました。もちろん守秘義務はありますが、最新情報はどんどん入ってきますし、現場のネットワークも広がります。その分野の専門家であるという鮮度は当然高いままです。しかし、この方法にも、やはりデメリットはあります。自分が加盟しているチェーン企業の内情は話しにくいことと、副業であっても経営リスクがあるということです。

このように、講師の鮮度を維持する方法はいくつかあります。重要なのは、講師は鮮度が劣化していくものであると自覚することです。そして、実際にその対策を模索・実践していくことです。

講師の価格戦略(Price)

2番目の「P」は、価格戦略です。ビジネスにおいては、価格はとても重要ですね。もちろん、講師業にとっても非常に重要です。

講演や研修には、明確な「原価」がありません。あえて言えば、講師が研修プログラムや提案書を作成するための「製造原価」があるだけです。原価が明確でないということは、販売価格（講師料）があいまいな商品ということでもあります。たたき売りもブランド化した高価格設定など、販売側はある程度の幅をもった価格提示ができるのです。

一方、購買側（企業やエージェント）は、企画書や研修プログラムに対してお金を支払っているのではなく、「企業の問題解決への貢献」の度合いに対して費用をかけています。「この目標を達成するための人材育成」「競合企業と戦っていくためのスキルアップ」などのよう

講師フィーと一般化度

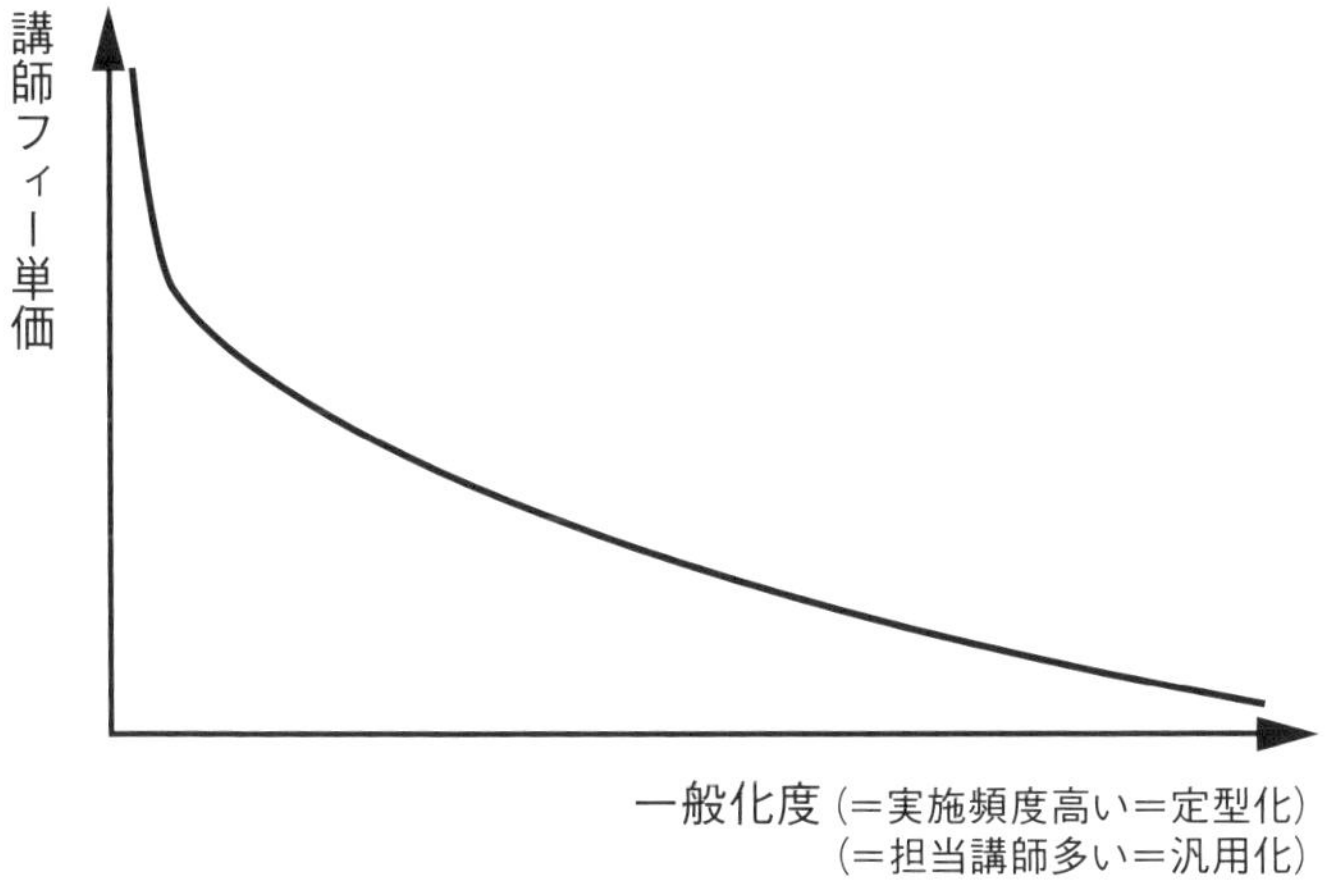
講師フィー単価
一般化度（＝実施頻度高い＝定型化）
（＝担当講師多い＝汎用化）

に、その問題解決へどれだけ有効か、価値が想定できるか、という点で評価されているのです。

この点を整理すると

・販売（講師）側が、販売価格をある程度自由に設定できる

・購買（企業・エージェント）側は、講師の提供するであろう期待成果で購買判断している

ということになります。

では、講師料の市場価格はどのように形成されているのでしょうか。

経済学の基礎である「需要と供給」の曲線で、講師の市場価格も形成されています。需要は、企業が期待する問題解決ニーズであり、供給は、講師が実施できるテーマ、研修プログラム、実績などの専門性、となります。図解すると前ページのような反比例のグラフとなることでしょう。

「一般化度」とは、「汎用的」とも言い換えられます。つまり、一般化度が高いということは、供給が多く、多くの講師が実施できるテーマ、プログラム、内容であるということです。反対に、汎用的ではない講師、テーマ、プログラムであれば講師費は上がっていく傾向にあると言えるでしょう。このように、講師のフィーも、需要と供給により価格形成

されているのです。そのため、1日100万円という講師から1日1万円という講師まで市場に存在するのです。

さらに一般化していくと、さらに単価が下がる「代替手段」が出てくることも想定すべきです。具体的に言うと、eラーニング、社内講師、自主学習などです。代替手段が市場に登場してくると、外部講師を採用する意味や価値が薄れてきます。そのため、通常は、一般化していない＝専門特化した講師を目指すべきなのです。

ただし、単純にみんなが、高単価を目指すものでもないと私は考えます。一般的であることを「悪」「避けるべきもの」と考えずに、一般的である＝市場ニーズが高い、という判断もできます。単価は低いが市場ニーズ（＝研修実施回数）が高い場合もあるため、講師単価を上げることだけが正解ではないということなのです。

「高単価×低頻度」戦略と「低価格×高頻度」戦略

ここで、ある講師の事例をお話ししましょう。

そのコミュニケーション系の講師は、「低価格×高頻度」の戦略を取りました。最初からそうしていたのではなく、講師業を始めて3年後から切り替えたのです。3年間講師業をしてきて、「このマーケットにはすごい経歴、すごいパフォーマンスで高単価を実現している講師がいる。だが、このテーマの依頼頻度は高く、その中には比較的中・低価格の研修ニーズもたくさんある。自分はそこを狙っていく」と決意したのです。低価格だからこそ基本的なプログラムに絞り込み、価格をパッケージ化して明示していく戦略を取りました。さらに「クライアントによって予算は異なるから、その予算の中で相談しながら仕事を断らない」主義を明確に打ち出したのです。これは、決して値引きや割引をしようとしたのではなく「価格だけでは断らない」というブランド、スタンスを明確にしたのです。これが大ヒットにつながりました。企業から「お金で揉めない講師」、エージェントからも「一緒にやりやすい講師」という評判が広まっていきました。当然、リピートが増えて、新規の相談もたくさん依頼されるようになり、そのテーマでは欠かせない講師となりました。

このように、「高単価・専門化」以外の戦略もあるのです。価格戦略には次ページの図に示したような5つの形があります。価格を下げていく方向性が①〜③、価格を上げていく方向性が⑤です。

①は、中身は変わらず単純な定価値下げ、交渉の末の値引きです。このパターンは避け

るべき方向性です。講師自身のブラッシュアップにもなりません。せめて④のように、価格は据え置きで効用を増すことが先決といえます。

②は、効用（中身）を向上させて、価格を下げる方向性です。前述した「低価格×高頻度」の講師の事例はこれに該当します。この方法はパッケージ化や定形化など、ある程度量産効果が見込める場合に取ることができる方法です。単純に値下げしただけでは、①になってしまいます。専門特化したうえで内容を絞り込んで定形化し、価格を下げて登壇回数を増やすのです。

③は、大きく価格を下げて効用も少し下げる方法です。例えば、自分の弟子講

価格戦略による価値向上策

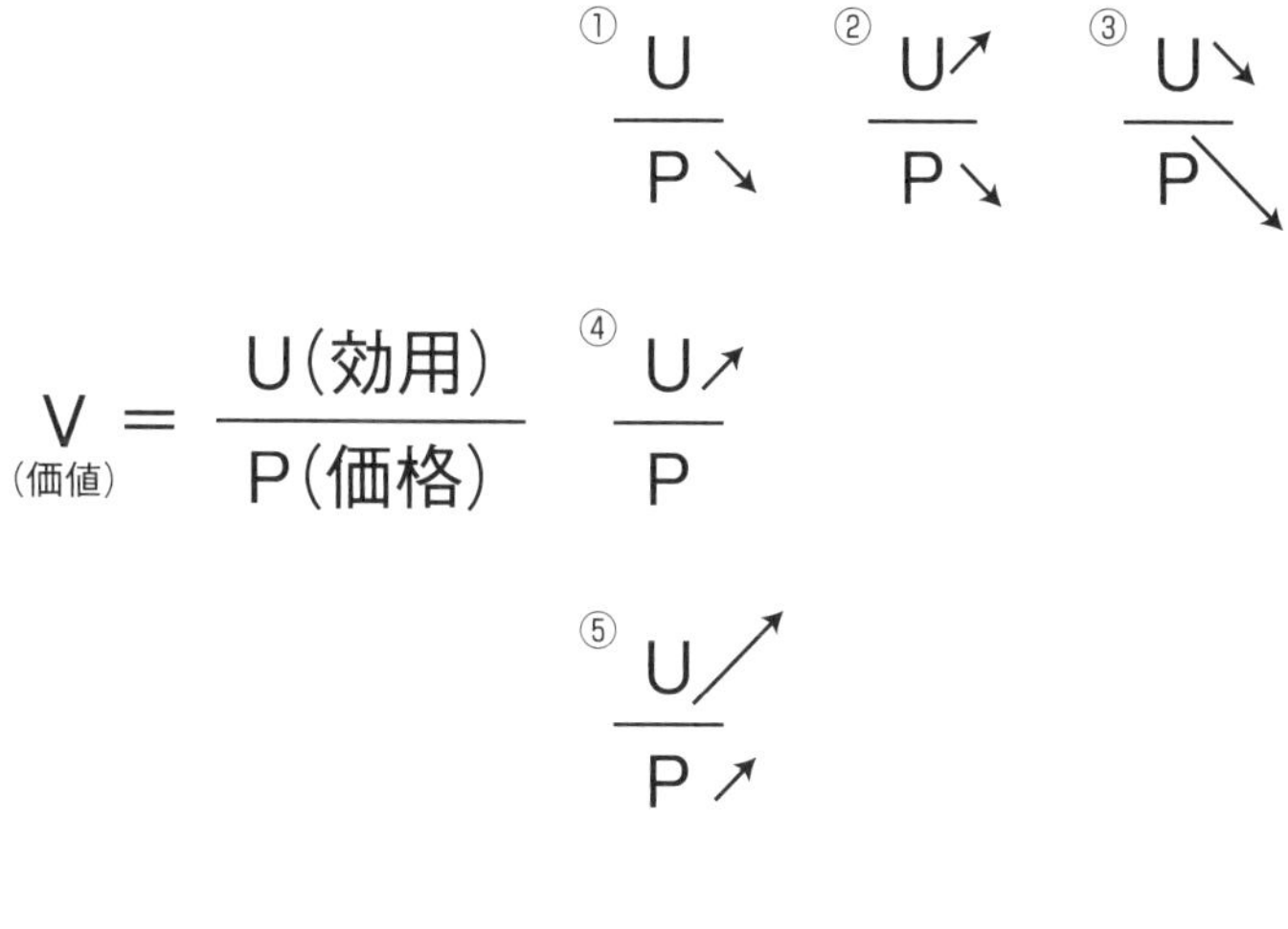

師に代替させる、あらかじめ録画した動画講義を提供するパターンなどがこれに該当します。

⑤は、いわゆる専門化＋高価格化の方向性です。効用を上げて、価格以上の価値を提供するパターンです。講師としてのスタンス、講師のＳＴＰ、講師の商品、チャネル、販促などすべてが一貫してこそ成り立つ方向性と言えるでしょう。

最後に④です。価格は据え置きで、効用を上げていく方向性です。おそらく多くの講師は、デビュー当時、この④の段階があるのではないでしょうか。そして、だんだんと②や⑤のような方向に分かれていくのだと思います。

高単価の講師となるためには

ここで皆様が一番気になるであろう「講師費」の高価格化について、筆者がこれまで多数の講師を見てきて考えた点をまとめてみます。

やはり第一に必要なのは、講師の「ＳＴＰ」を明確化し「商品戦略」を固めることです。自分の人生経験、ビジネスでの経歴や実績、そしてコンテンツ、ソリューション、デリバリーのスキル、これらを明確にすることがスタートです。本書のテーマである「選ばれる」という状態を目指すのです。

次には、「選ばれる講師であること」を「伝える」こと。その方法は後述しますが、「選ばれる講師」の証明を第三者視点から伝えていくのです。

次に、講師ならではの価格戦略のポイントをお伝えします。

・定形パッケージどおりに話すだけのトレーナー講師の仕事を減らしていく

3章で、エージェントがもっているパッケージ研修のことをお話ししました。この研修は、「ある程度の講師品質をもっている方に研修をお願いする」という形をとっています。つまり、講師はあるレベル以上ならば「誰でもいい」とも言えるのです。

こういった研修の仕事は、「トレーナー」の仕事であり、講師費はあまり高くありません。この仕事は「この内容で」「この価格以内で」できるという基準が先にありますから、講師価格が上がることはありません。こうしたトレーナー型の研修の仕事ばかりしていると「そのレベルの講師」というレッテルを貼られてしまうのです。このタイプの仕事を減らし、オリジナルのプログラムをもつことを第一に行うべきでしょう。

・自分でなくてもできる仕事を減らしていく

これは、仕事を「減らす」というより、「選ぶ」という言い方が正しいと思います。どんな講師でもできそうな仕事は断っていくのです。私（講師）はこの専門テーマだけを究めていきたいと、あくまで丁重に断りを入れて仕事を選んでいくのです。誰でもできそうな研修ばかりしていては、いつまでたっても「あの価格帯の講師」というレッテルから脱却できないからです。

・自分しか担当できない新カテゴリー・ジャンルを創造・開発する

今までのセグメンテーションを超えた「新たなカテゴリーを創造」する、もしくは世の中の変化に対応した「新ジャンルを開発」するのです。

例えば「キャリア開発研修」と「ロジカルシンキング」という一見別の研修カテゴリーにおいて、新カテゴリーをつくった講師がいます。論理的に自身のキャリアを振り返り、今後のビジョンから仕事をする意義までも論理的に説明できることを目指す研修でした。

しかし、この方法は実は、ある程度リスクがあります。世の中にそのカテゴリーが知られていないので、誰も気付いてくれない場合があるのです。

独自性があり、競合はいないため価格設定は自由ですが、需要が低い可能性もあるということです。

・定価を設定せず変動価格制にする

前述のように、講師価格には明確な原価がありません。そこで、ケースバイケースの価格設定にして、それこそが専門化の証であると、ある意味、逆手にとっていく方法です。クライアントの状況、そして解決すべき課題に応じたカスタマイズにふさわしい価格幅を設定します。そして、クライアント側の現状把握度合い、研修環境の整備具合に応じて価格を変えていくのです。企業側（研修発注部門）が受講生や現場などの実情・詳細を把握していない場合、研修実施までに社内コンセンサスの形成など環境づくりができていない場合などに価格を上げるなど、相手の状況に応じて、講師が手間をかける部分が増えると価格は上がる、という設定にするのです。

この方法で大事なことは「変動制である」と明言し、その「変動の内訳を論理的に説明できる」ことが重要です。

・他の市場・顧客との価格を交渉材料にする

基本的に、既存のお付き合い先に価格交渉をするのは難しいはずです。ただ値上げを申し入れても、「今までの価格でお願いしますよ」と断られてしまうのがオチです。そこで、他の市場・顧客の評価を利用するのです。

私は、このような価格で他ではやっています、と言えるためのエビデンスをつくるのです。単純に他社で実施している価格を基に交渉してもよいのですが、何か他にきっかけがあるとやりやすいでしょう。それは、自著を出版した、新しいプログラムが開発され評判になった、メディアに取り上げられた、大手エージェントでのセミナー登壇が決まったなどの実績です。広告とPRの違いのように、本人が直接言うより、周囲から高い評価であることを説明してもらうのです。講師自らが値上げを申し出るより、世の中の評価、自身の実績などを第三者に証明してもらってから、値上げ交渉を丁重にするのです。

同じような方法に「研修日程が取りづらくなった」という市場評価の軸もあります。「研修の日程が取りづらい」ことと「他社で実施している価格」の2つの情報を交渉材料とするのです。ただし、自分では切り出しにくい話でもあります。これも、「自分が言うのと、第三者が言うのでは違う」という理由です。自分で「研修日程に余裕がなくなってきた」と言うより「あの講師は研修日程が取りづらくなっているようだ」という第三者の話のほうが、信憑性、情報の信頼性が高いのです。知人の講師仲間にそれとなく伝えてもらう方法があるかもしれません。

このように、研修講師の価格戦略もいくつかの方法があります。価格設定から取るべき商品戦略、そして価格交渉など、単純ではありません。大事なことは、価格戦略だけで機能するのではなく、講師のスタンス、STPや商品戦略、販促などとも密接にかかわっているということです。

講師の販促戦略(Promotion)

さて、マーケティング戦略の3つめは「販促戦略」です。商品と価格が決まったら、それをどう「伝えていくか」という部分です。

一般的に、プロモーション戦略は、広告、PR、人的販売、セールスプロモーションという4つの要素から構成されます。それぞれについて説明する前に、講師の販促戦略の重要性・必要性についてお話ししたいと思います。

昔の研修講師には、販促戦略は不要でした。依頼されて登壇する仕事であり、講師の絶対数が少なく、競争も今よりずっと少なかったはずです。さらに、講師ごとの棲み分け、カテゴリーごとの境目もはっきりしていました。

しかし、今はどうでしょうか。あちこちでセミナーが開催されています。研修講師を目指す方も、圧倒的に増えています。さらには、eラーニングなどの代替手段も増えています。完全にレッドオーシャンになったのです。よほどの方でない限り、「私はこの世界の専門家である」と待っているだけでは仕事のオーダーはないのです。

そして、私たち講師のお客様は企業です。企業は、常に激しい競争環境にさらされています。忙しい日々、多くの情報の中で意思決定しています。そんな環境にいる企業の研修発注担当者から見て、「わかりやすい」「探しやすい」「信頼感ある」情報をお届けしていくことは欠かせないでしょう。丹念に情報発信をしている、お金にならなくてもPR活動として業界紙へ寄稿を続けるなど、講師が販促活動をしていくことが必要です。

プロモーションの具体策

さて、先に挙げた4つのプロモーション策について、具体的に見ていきましょう。

「**広告**」は、有料メディアを活用して、自社（商品）の利点、特徴などを自分たちの言葉を使って訴求していくことです。講師業であれば、業界紙への広告出稿、ネット広告、人事・人材育成系の展示会に出展するなどが考えられます。捉え方によりますが、自主セミナーを行うことも一種の広告であると思います。

広告をする際の注意点は、独りよがりの目線にならないことです。人はどうしても、自分のいいところや力を入れているところばかりを強調しがちです。すると、広告を見る側の目線が抜けてしまいがちなのです。その結果、「わたしの探している情報ではない」「いいことづくめ」「信憑性・証拠信頼性が低い」などと受け取られてしまうことがあります。

次に「PR」です。PRは広報活動とも言われ、雑誌やTV、業界紙などから取材を受けたりニュースリリースを掲載してもらって情報を発信する方法です。広告と決定的に違うのは、自分たちでコントロールして発信することはできないという点です。あくまで、雑誌や業界紙など、媒体側の意思によって、あなたという講師を取り上げるかどうかが決まるのです。そこで、自分たちにできることは、取材が来るように情報発信を続ける

講師のプロモーション・ミックス

広告	… 有料メディアを使って、自社・講師の利点を訴求する	業界紙広告／ネット広告／展示会出展／自主セミナー
PR	… パブリックリレーション。媒体への記事掲載、取材	ニュースリリース／ブログ、SNS／業界紙寄稿／PR会社活用／出版
人的販売	… 人を介した（販売員を使った）、セールス・コミュニケーション活動	講師仲間営業／エージェント営業／プロデューサー活用／代理店活用
セールスプロモーション	… 短期的インセンティブなどを使った、販促活動	紹介セミナー／初回無料／キャッシュバック／サンプルDVD／限定動画

ことと何かトピックスがあった際にニュースリリースを発信することです。

取材が来るようにするためにも、STPや商品戦略が固まっていることが重要です。自身はどんなテーマ、カテゴリーで、どんなソリューションができるのか、というブレのない情報を発信するのです。今の世の中、発信する場所は無数にあります。SNS、ブログ、ホームページなど、ネットを中心とした各種のメディアがあります。発信したからといってすぐに取材など入らないと思いますが、重要なことは、継続していくことと「メディアに取り上げてほしい」と声を上げることです。メディア側も情報やネタが足りなくて困っている場合があります。そんなとき、日頃から発信・訴求していれば、取り上げてもらえる確率が高まるのです。


「**人的販売**」は、その名の通り、人を介したセールス・コミュニケーション活動です。営業マンや販売員、代理店等に宣伝してもらうことです。1人で活動している研修講師の場合は講師自身が行うことが多く、誰かに依頼するということは少ないかと思います。解釈によっては、エージェントを活用することが、それに該当するかもしれません。

この研修業界は、非常に狭く、クローズドな世界だと言われています。研修を発注される側、講師の側をとってみても、知り合いや友人が固まっており、噂話がすぐに伝わる世界です。そこで、その狭い世界を有効に考えて、講師仲間でのネットワーク、つまり講師が講師に仕事を紹介するように、人的営業をしておくのです。

特に、著名な講師や活躍している講師には、いろいろな仕事の相談が舞い込んできます。このキーマンとコネクションをつくり知ってもらうことです。

販促策の最後は「**セールスプロモーション**」です。これは短期的なインセンティブ（動機づけ・誘因）を与え、一時的に販売を向上させるための手法です。一般的には、タイムセールス、初回無料キャンペーン、キャッシュバックキャンペーンなどが行われているかと思います。講師業で考えてみると、取るべき手段はあまり多くはないかもしれません。あえて挙げるとすれば、「研修初回は半額！」などの価格政策や「無料の紹介セミナー」などの情報提供です。

以上、販促戦略の4つのカテゴリーについて見てきました。ここで重要なことは、4つ別々に実施するのではなく、組み合わせて実施していくことです。

ここで改めて、王道ともいえる講師のプロモーション戦略を紹介します。

まずは、自社サイト、SNSでの自己発信です。これはSTPや商品力を説明するために、あるいは問合せなどが来た場合のために必須の窓口となります。次に、最強のプロモーションツールである自著の出版です。出版できるということは、STPが定まっている、さらに提供する商品が際立っていることの証明でもあります。

そして出版と並び重要な施策が「セミナー開催」です。自主開催、あるいは知人との共同開催、いずれの方法でも結構です。聴講者をどれだけ集められて、どれだけ高い満足度の内容を提供できるかという告知・宣伝の場となります。また、自身の商品力、価格設定、プロモーションの効果などを検証する場となるのです。

講師のチャネル戦略(Place = channel)

マーケティング戦略の最後、それが「チャネル（販路）戦略」です。そのポイントは、チャネルの「幅の広さ」と「種類」です。つまり、販路を広く取る＝開放的にするか、あるいは狭く絞る＝限定的にするか、という政策を決めることです。マーケティング用語では、「開放的」「閉鎖的」、その中間を「限定的」などと表現します。

講師の場合、「**開放的チャネル**」を取るということは、すべての企業やエージェントから同じように仕事を請ける、ということです。多くの研修講師は、このスタンスを取っているでしょう。仕事が来るルートを、あえて限定しないのです。

ただし、この場合にもデメリットや障害があります。それは、流通経路別に「価格が異なること」です。当然、エージェントが受注してきた仕事と、直販の場合では価格が変わってくるはずです。

中間に研修会社が入った場合、講師の基本価格に「上乗せして」価格設定するのか、「キックバックして」価格設定するかは、講師や仕事の内容によってケースバイケースです。ここは、明確にしておかないとトラブルになりやすい点です。

今度は逆に「**閉鎖的チャネル**」です。直接講師に依頼される仕事しか引き受けないなど、徹底的に依頼ルートを絞ることです。ある程度、著名な講師、実績がある講師、さらには受注した仕事に専念するため仕事の量をコントロールしたい場合にこの方法を取る講師がいます。特定のファンとなるお客様、クライアントが継続している場合には、まったくリスクはありません。チャネルを絞ることで、専門性が高いイメージを与えることができますし、クライアントに対して高質なサービスを提供することができるでしょう。また、高価格を維持しやすいでしょう。ただし、限定しているからこそ、お付き合いがあるクライアントからの仕事が止まってしまうと、リスクが急に顕在化します。

開放的チャネル政策の場合、告知宣伝活動や事務的作業を、多数の企業やエージェントと行わなくてはなりません。講師1人で活動している場合、その負担は意外と大きいものです。また、多数のエージェントとお付き合いすることによって、研修会社同士での摩擦が生じることもゼロとは言えません。開放的チャネル政策を進めすぎることによる弊害や労力はこういった点で生まれます。しかし、多くの仕事の流入先をもつことは、より多くのチャンスに恵まれることになり、そのメリットは大きいことでしょう。

エージェントとのお付き合いで注意すべき点は、エージェントが自社以外との契約を拘束する場合があることです。エージェントが講師のチャネルを限定するように縛るのです。これはすべてのエージェントが行っているのではありません。一部のエージェントが取っているやり方です。そのような契約を持ち出された場合に、それが自分にとってプラスなのかマイナスなのかをよく見定める必要があります。

マーケティング4Pをミックスする

マーケティング戦略は個別に立てるものではなく、4つの個別戦略をうまく組み合わせることが重要です。STPのドメインを決めたならば、そのドメインに最も効果的にアプローチできるような、商品、価格、販促、チャネルの各戦略を組み合わせていくのです。

例えば、IT業界向けの営業研修をドメインに置いたとします。この場合、自身のプロフィールとして、IT業界に関わった経験、プロジェクトに参加した実績などを前面に出します。そして、講師の経験から編み出された効果的なソリューションや研修プログラムを用意し、担当者向けであれば低価格な商品を、プロジェクトマネージャー向けであれば高価格な商品、というようにパッケージ化します。さらに、プロモーションは、対象企業がよく利用している媒体でのネット広告と記事執筆をメインに行います。そしてチャネルは、IT業界に強いエージェントと重点的にお付き合いする、といった具合です。

このように4つの戦略を組み合わせたうえで、そこに**一貫性を出す**ことが重要です。一貫性を出すことによって、各戦略の意図がより相手にも伝わりやすくなり、そこに**シナジー（相乗効果）が生まれてくる**からです。

このように、講師にとってマーケティング戦略を実施することは、自身の立ち位置を明確化するとともに、相手に選ばれる理由をわかりやすく伝えるためにも非常に重要です。「選ばれる講師」には、緻密なマーケティング戦略が必要なのです。

7章

将来も選ばれて稼げる講師であり続けるために

講師の営業活動で注意すべき点は

いままでお伝えしてきたように、「講師とは選ばれて行う仕事である」という前提があります。選ばれる理由をつくるために「戦略」を立て、継続して仕事を依頼していただく関係をつくるために「スタンス」が必要だとお話ししてきました。プッシュ型の売り込みではうまくいきません。改めて考えてみたいと思います。

この業界には、丁寧かつ戦略的に、マーケティング活動を行っている先生方がいらっしゃいます。逆に、見ていて残念なほど、売り込み活動だけに専念している講師の方もいらっしゃいます。エージェントの方に話を聞くと、こうした売り込み講師に対しては敬遠する動きがあり、ときには苦言を呈することもあるということです。そこまで売り込まれると、引いてしまう、怪しく思ってしまう、というのです。

これに対して、成功している講師はスマートです。どうスマートなのかというと、情報や自身の活動実績を「売り込み臭」や「押し込み感」なく発信しているのです。エージェントや企業へのアポイント・訪問もスマートです。売り込みとは感じさせずに訪問の約束を取り付け、そして訪問した際も有益な時間を過ごし、相手によい印象を与えています。

私もエージェントに在籍していた際に、多くの講師を見てきました。一所懸命に自分の実績や提供している研修プログラムの詳細を説明し始める方、資格や受賞歴などの説明を始める方がいました。一方で、他社の成功事例や業界の課題に対する仮説など、私が身を乗り出して聞きたくなる情報を提供してくれる方もいます。私が課題や悩みについて相談すると、仮説の提案をその場で考えてくれたり、ときには「その問題なら、いい講師が他にいますよ」と自分以外の講師を紹介してくれることもありました。

この違いを生んでいるものは何でしょうか。

私は、マーケティングの真髄である**「相手視点」の有無に尽きる**と思います。相手視点とは、自分が相手の問題解決に貢献しようとしているかどうかということです。情報発信の際も、自社の商品や実績などのPRだけでなく必ず役立つ情報がある、講師ポリシーをアピールしていても、そこに相手が「なるほど！」と感じられる学びがあります。面談をする際、新プログラムを売り込みたい、最近の実績を披露したいという視点だけではないのです。訪問先の企業に役立つ情報、担当者の悩み・課題解決につながりそうな情報を用意して訪問するのです。

では、そういった「相手視点」はどうやって考えればよいのでしょうか。

それは「顧客の顧客」という視点です。講師が活動する際の例で考えてみましょう。「講師の顧客」とは、たとえばエージェントです。「講師の顧客の顧客」とは、研修を発注するクライアントとなります。クライアントのクライアントを視点に入れるのです。

講師は単に研修プログラムを売るのではなく、クライアントのクライアントを見据えたうえで、情報提供や提案、そして研修企画を携えていく必要があるのです。そこまでの視点をもって情報提供を続けていけば、クライアントやエージェントの担当者は、この先生に依頼したい、そして上司に提案して承認してもらいたいと考えてくれるようになっていくのです。

選ばれる講師に必要な「一貫性」と「共感」

ある講師の事例です。

その講師は、企業に勤務していた若い頃、人に何かを伝えることが苦手で、上司からは「お前の話はわかりにくい！」とよく注意されていたそうです。

仕事もうまくいかず、周りともうまくコミュニケーションが取れない状態が続き苦しかったそうです。そのような状況で、どうしたらうまく伝わるかをあれこれ試行錯誤しながら研究していったのです。その結果、シンプルな図解で論点を整理してコミュニケーションすることで、徐々に話が伝わるようになり、上司にも認められるようになりました。その成果をまとめなおした結果、「シンプルに伝える技術」を教える講師となっていきました。

この一連のエピソードには、とても一貫性があります。自分と同じような課題をもった方々(受講生)に、その解決策を伝えるという一貫性です。下手に理由を後付けするような講師や、本や他人から聞いたことを受け売りする講師とは、信頼感が大きく異なるのではないでしょうか。また、共感という面でも同様です。

その講師という存在への「共感」が最後の決め手となるのだと思います。かつて講師自身も苦労し、必死に実践の中から編み出した技術やノウハウ、そして、それをさらに伝えようとする講師の志への「共感」こそが、「この講師にお願いしよう」と背中を押すのではないでしょうか。

選ばれる講師が続ける自己研鑽

ここでは、選ばれ、リピートしてもらうために、講師自身がどう成長していくか、スキルを含めてどう自己研鑽を続けていくか、ということを考えてみたいと思います。

「先生業」の落とし穴について、5章でもお伝えしました。講師こそ、自己研鑽の機会を多く取る必要があると感じます。実際に、私の周りで長年活躍している講師たちは、必ず、インプットの機会や仕組みを設けています。普段、研修やセミナーでアウトプットしているからこそ、インプットや自己研鑽の機会を大事にしているのです。

他人の講演・セミナーに参加する、業界の勉強会に参加する・主催する、1か月に10冊以上の本を読む、自分の専門外の本も読む、全国各地を旅する、企業へヒアリング訪問する、あえて違う世代（子供や老人）へ語る機会を持つなど、講師によってその方法はさまざまです。

また、講師は「自分のことがよくわからなくなる、見えなくなる」ともお伝えしてきました。

「自分を客観視したい」「自分の方向性を修正したい」ということに対応するため、コーチやアドバイザーを付けている講師の方も少なくありません。第三者の視点で俯瞰してもらい、そして忘れがちな自身のミッションやビジョンについてコメント、フォローしてもらうことは、講師にとってはとても貴重な機会です。それ自体が学びになります。同様に自分を客観視するという視点から「禅」や「ヨガ」などを取り入れている講師もいます。

そして、基本的なことですが、クライアントやエージェントからのフィードバックを素直に受け入れられるかどうかということも重要です。クライアントの担当者の反応、受講生の感想、アンケート結果、そしてエージェント担当者の声などを反省材料にするのです。特に、講師にとって厳しい意見があった場合こそ、よい学びとなるのではないでしょうか。

以前お付き合いのあった、ある大御所の先生は、アンケートを見ない主義でした。また、エージェントの担当者の声を一切聞き入れない講師の方もいました。クライアントからの修正希望を聞いて、怒って出ていってしまう講師もいました。残念なことですが、そういった講師の方々とは結果的にビジネスが長く続きませんでした。

耳に入れにくいような反省点や課題は、ないに越したことはありません。しかし、そういう声を伝える目的は、講師を責めることではなく、次の改善につなげたいという思いです。よりよいセミナーの場をつくり、もっと受講生に質の高い研修を行いたいだけなのです。そして、そうしたフィードバックは、講師とクライアントの関係がよいからこそできるのです。フィードバックがあるということは、講師を信頼している、次回にも期待している、と捉えたいと思います。

そして、教育業界には「教えることは学ぶことだ」という大切な姿勢・考え方があります。お金をもらいながらも、自己研鑽の場ともなっている職業がこの講師業です。大事なことは、「学び続ける」意識、姿勢、そしてその実行・具体化でしょう。学び続ける講師は視点が多様ですし、新しい知識や業界外のノウハウ、知恵などももっています。ぜひ、自身の学びの場をもち、理想の講師像を追い求めてはいかがでしょうか。

講師の仕事の最終的な成果は

ここで講師にとって、アウトプットとは何かについて改めて考えてみましょう。講師は受講生に何を提供しているのでしょうか。

一義的には、セミナーの場合、参加者が知識を得る、ノウハウを習得する、情報を仕入れるといったところでしょうか。企業研修の場合、受講生がスキルを習得する、新たな気付き・動機付けができる、現場実践の入口にたどり着ける、などとなることでしょう。

本書では、選ばれる講師は「クライアントの問題解決」を目指すとお伝えしてきました。

私は、図のようなアウトプットについてのイメージをもっています。

まず講師にとって欠かせないのが、発注者（事務局）の研修オーダーやセミナーの主旨に沿った「受講生に知識やスキル・気付きを与えること」です。ここが間違ってしまうと、その先に進むことは難しくなります。

図　研修講師のアウトプットとは

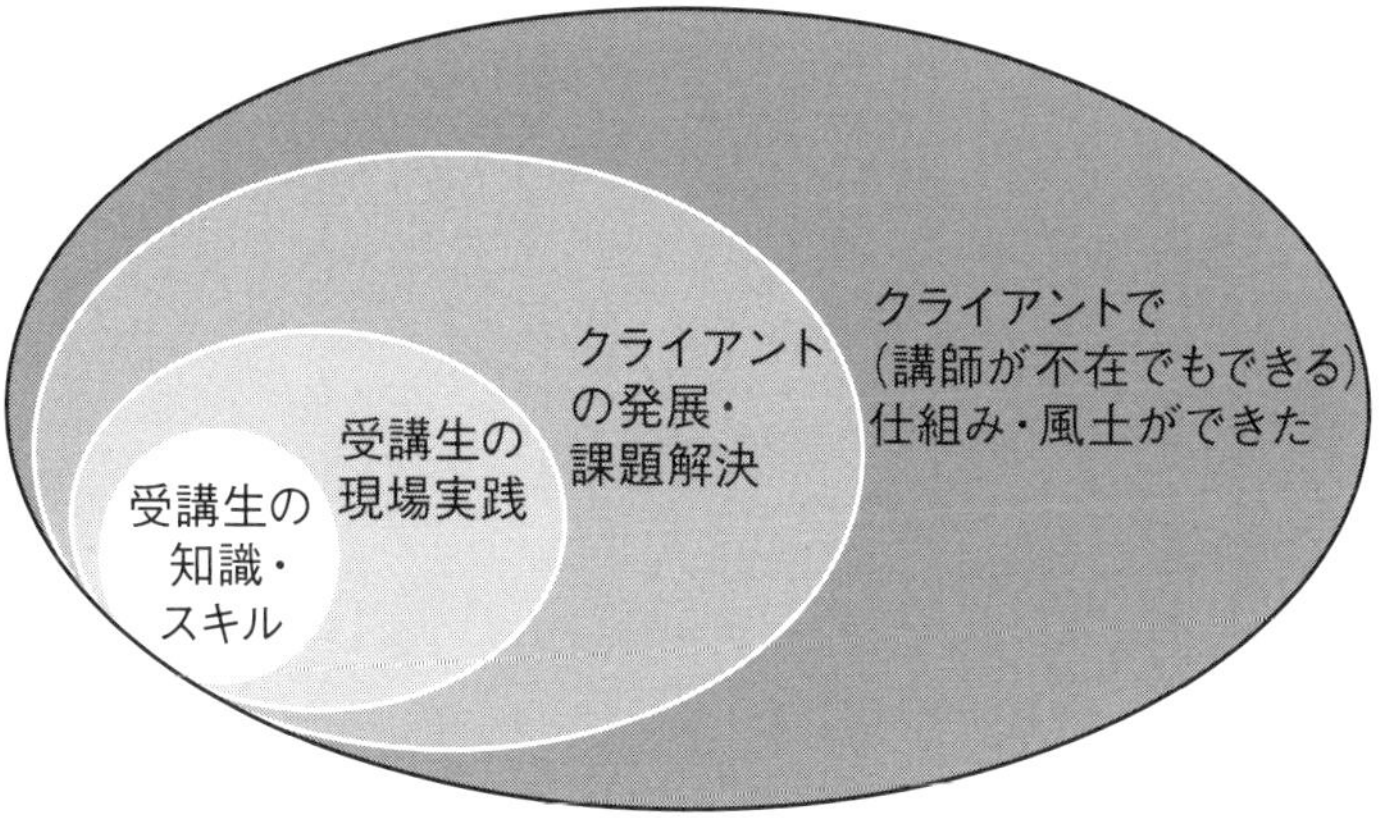
クライアントで
(講師が不在でもできる)
仕組み・風土ができた
クライアント
の発展・
課題解決
受講生の
現場実践
受講生の
知識・
スキル

次に、講師が考えたいアウトプットの視点は、「受講生の現場での実践」です。単に知識やスキルを習得させて終わりではなく、受講生がそれを現実の職場や部門、業務において実践していくことです。多くの企業では、研修を行う場合、このレベルまでのアウトプットを求めることが多くなってきました。

その次のレベルは、本書で何度も申し上げてきたことです。「クライアントの発展・問題解決に貢献できる」というアウトプットです。企業へ提案する際にも、この範囲まで考えた提案書ができているかどうかが仕事の受注にも影響してきます。

そして、最後の視点は「講師がいなくても、クライアント自身で仕組みや風土を構築できる」というレベルです。つまり、今現在は研修講師の助けを借りて人材育成や企業の問題解決に取り組んでいるが、やがて講師がいなくとも、社内で学習する仕組みができたり、社内でトレーナーが育ってきたり、組織の中で学習したり、問題解決に取り組めるようになるということです。

真にクライアントの発展・問題解決を考えているのであれば、既存のテーマについては社内の講師に機会を譲るなどして、自身は新しいテーマや価値を提供をしていくなど、チャレンジングなスタンスを取り続けてほしいと思います。

研修講師の大選択時代が始まった

研修講師を取り巻く環境は、変化しています。これを、いくつかの方向から考えてみましょう。

まず、企業側のニーズと市場の変化です。リーマンショックと東日本大震災という2つの大きな要因によって、企業研修の市場規模は大きく落ち込みました。一時は、本当にセミナーや企業研修のニーズが激減しましたが、2013年からようやく市場が回復してきました。そこで目の当たりにしたのが、企業側の研修に対する「質」「ニーズ」の変化です。前述したように、アウトプットの求められるレベルが上がったのです。そして、企業研修や外部セミナーの実施を取りやめたことで、それまで長年依頼してきた講師や著名講師との契約を見直すようになったのです。企業側が、必要な研修の中身を見極め、かつ講師を選別し始めたということです。

さらに、外部講師にとって、もう1つ大きな波がきました。「研修講師の内製化」という動きです。企業側が、外部の研修講師に依頼しないで、社員を研修講師として活用し始めたのです。その理由の1つはコスト削減です。そしてもう1つは、価値の最大化の視点です。自社のビジョンや事業構造、そして商品から社風、現場の問題などは、社員のほうが外部講師より当然よく理解・体験しており、その社内講師に前向きな価値を見いだしたのです。この内製化の動きは、2011年頃から強まっていきましたが、2年ほど経つと、内製化を継続する企業と外部講師に戻す企業に分かれてきました。コスト削減目的で始めた企業は、外部講師に戻している傾向がありますが、内製化の前向きな価値を考えた企業は研修目的に応じて選別し、内製化をより強化している感があります。

このように企業側では、研修の量のコントロールだけでなく、その質や実施方法まで厳しく見直す動きが加速しました。この需要側の変化が、講師の大競争時代に入った1つの理由です。

また、供給側にも大きな変化がありました。まず、企業研修講師を目指す方が増えたことです。筆者が企業研修の世界に入った10年ほど前は、講師を目指す人が今ほどは多くありませんでした。新規講師としての面談、登録の相談などは、それほど多くなかった記憶があります。ところが今はどうでしょう。20代の若者、30代でMBAを取得された方、40代で転機を図る方、50代でリストラに遭う前に講師を目指す方、60代以降で今までの経験を伝えたいと講師を目指す方、と世代を問わず講師希望者が増えています。そして女性講師についても、以前はマナー講師や秘書系の講師が中心でしたが、テーマや手法がバラエティに富むようになってきました。また、グローバル経済化にともない、講師の国籍も多様化しています。

まさに、講師の大競争時代に入ったと感じるのです。今まで講師として活躍されてきた方が若い世代の講師にとって代わられたり、男性講師が多かったテーマにも女性講師が進出するなど、まさに下剋上の様相を示しているのです。そんな背景の下、価格のディスカウントやダンピングに走る講師やエージェントもあります。

このような大競争時代にこそ、「選ばれる理由」「続けてもらう理由」が必要だと痛感します。それが本書でお伝えしてきた、講師のマーケティング戦略、営業戦略なのです。

これからの研修講師に求められる視点とスキル

近未来の講師業は、どのように変化していくのでしょうか。

1つめの大きな変化は、インターネットによる企業研修の変化です。ICT教育（情報通信技術を使った教育）が、今、学校教育の現場でも進んでいます。IT技術を活用して、授業の効率化と学習効果の向上を図る狙いです。パソコンやタブレット端末、映像機器、プレゼンソフトなどを活用して、教師と生徒、生徒間でのコミュニケーションや学習の助け合い、アイディアの創発などが期待されています。

企業の人材育成の場面にも、こうしたICT教育の進展が大きく影響してきています。10年以上前からeラーニングはありましたが、近年のインターネット回線の高速化、動画環境の向上、コンテンツ作成環境の充実などから、現在のeラーニングは充実した学習環境を提供しています。集合研修と比較すると、受講生の移動時間を含めた拘束時間が短縮されたり、自分が一番知りたい部分や弱い部分を集中して学べるという利点があります。また、事務局側でも、学習管理がしやすい、全体コストの削減につながる、講師の当たりはずれに左右されない、などのメリットがあります。

つまり、外部の研修講師にとっては、eラーニングがライバルとなっている部分も少なからずあるようです。集合研修は、リアルな勤務時間に同じ日時、場所に受講生が集合し、外部講師にお金を払って実施するだけのメリットや価値を提供しなくてはならないのです。さらに、ICT教育の手法が浸透してくると、企業研修講師に求められる素養やスキル、コンテンツも変わってくるのではないかと予測できます。

例えば、外部の研修講師であっても、eラーニングを含めたICT教育への理解、その領域との連携などが求められてくるでしょう。クライアント企業におけるICT教育の導入度合いやコンテンツの範囲なども理解したうえで、集合研修を提案していく必要があるかもしれません。専門的な言い方をすると、**「ブレンディッド・ラーニング」への対応、つまりICT教育と集合研修の総合的な提案**が求められるのです。

その他、講師のスキルの面では、インプット型の講義・プレゼンスキルより、受講生から引き出す、**受講生同士を対話させるアウトプット型のスキルがより一層重要になる**でしょう。ICT教育の手法が浸透してくると、受講生はインプットを自宅や移動中の隙間時間などに行うようになります。すると、何かを教えたり、講義をする場面はネット動画の世界が中心となります。逆に、集合した際に行われるのは、インプットした内容を、各受講生なりに理解・意味づけしたアウトプットを発信してメンバーと共有するなど、受講生同士のワークショップや研究活動となってくるはずです。そこで求められる講師のスキルは、コーチング、ファシリテーション、ヒアリングスキル、そして受講生1人ひとりへの観察や共感力であったりするのです。「プレゼンがうまい、話がうまい、講師歴○○年」というだけの講師ニーズは減っていくのかもしれません。

そして、講師に影響を与えるのはICT教育だけではありません。多種多様な研修技法が、研修業界以外からも開発・提供されてきています。昔からあるボードゲームや各種カードを活用した体感型、気付き型の研修、音楽と運動を組み合わせて体感していく技法、その場でストーリーや配役を決めて行う即興劇（インプロヴィゼーション）、レゴブロックや自由描写の絵画などを活用した創造性発揚型の研修など、そのバリエーションは増加しています。研修講師は、こういった多様な手段が存在すること、そしてそれらの手法のメリット・デメリットを理解して、自身の研修技法やコンテンツ、そしてプログラム自体をさらに効果的なものにしていくことが求められるのです。

これからの講師に必要な「外部講師に依頼する価値・意味」を持つために重要な2つのポイントを挙げておきましょう。

1つめは「総合的な企業人材育成に対する視点・知見」です。一義的には、研修講師に求められるものは、効果的な研修を実施・提供するための「研修設計（インストラクショナルデザイン）」の技術と「講義講演・ファシリテーション」のスキルでした。そのうえで、本書でお伝えしてきた、全体を見渡せる、問題解決できるまでの視点が必要です。

それは、講師自身が、企業や人材育成担当者が見過ごしてしまっている点や企業の全体課題にまで視点をもっているかどうか、ということです。視点をもつだけではなく、自ら問題提起をしたり、効果の測定をしたり、仕組みや制度との連携までを視野に入れた提言をしていくことです。

つまり、研修というプログラム、コンテンツを提供するだけにとどまらず、企業が抱える課題、目指す目標、あるいは企業の戦略を理解したうえで、企業の人材育成全体についてアドバイスができるということです。

講師にそこまで求めるのかという声もありそうですが、ますます厳しくなる講師選別時代を見据え、プロの外部講師としてやっていくために、もう一歩先を目指してみてはどうでしょうか。

そして、今後、研修講師に必要となるもう1つのポイントは、「趣味・好きなこと・課外活動を楽しむ場をつくる」ことです。自分が思わず没頭してしまう好きなこと、楽しんでやれることに取り組むことです。仕事につながるから、営業にプラスだからという理由で行うものではありません。でも、好きなことや趣味を仲間と楽しんでやることが、どう講師の仕事にプラスに影響していくのでしょうか。

それは、仕事以外にも精を出せる「心の余裕があるという証明」でもありますし、仕事以外でも一所懸命やっているという姿勢、自己研鑽のため多様な学びの場をもっているということに、クライアントや講師の仲間が共感するからです。

私の知る人気講師たちは、みんなこうした自分が好きなことを楽しんでやっています。研修講師としてのスタンス、技術も一流であることに加え、それ以外のことにも熱中しているのです。例えばカメラが好きだったり、スポーツに打ち込んでいたり、カフェめぐりをしたり、アイドルグループに夢中だったりと、内容はそれぞれですが、講師の仕事と同様に熱中しています。一見、仕事に直結しないことでも、ビジネスの世界において学びとなる要素、事例、論点などを活用しているようです。柔軟性や多様性を受け入れる素養を養っているという意図をもっている講師もいました。

さらに付け加えるとすれば、仲間とグループをつくってこうした活動をしている場合、それが「自分を知ってもらう機会」=告知・PR・営業活動の場ともなっているのです。互いにそこが売り込みの場だとは思っていません。しかし、講師のスキルや人柄、スタンスなどを自然と知ることによって、仕事を頼みたいと感じることもあるようです。

また、企業の研修担当者と親しくなると、自身の趣味や課外活動について話す機会もあるでしょう。その際に、趣味の多様性に驚いたり、より関心をもってくれるかもしれません。より講師の「あり方」について、別の角度から伝わる機会となるかもしれません。直接的なメリットはなくても、少なくとも悪い印象を与えることはないはずです。

そしてなんといっても、講師にとって、リフレッシュの場をしっかり確保するというメリットが大きいでしょう。講師業は、孤独な稼業です。クライアント企業やエージェントとの距離感や人間関係に疲れることもあるでしょう。そんな中で、こうした場を確保しておくことは、精神的にもプラスになるのではないでしょうか。

研修講師は魅力的な仕事

ここまで企業研修講師の仕事について、さまざまな角度から解説してきました。

研修講師は厳しい環境にさらされていますが、人に知識やスキル、やる気を与えたり、はたまた人生の転機となるきっかけを与えるなど、仕事の**やりがいはとても大きい**ものだと思います。受講生個人だけでなく、組織や会社全体にインパクトをもたらすことさえあります。

単純に人前で話したり知識を伝えるだけの仕事ではなく、自身のもつ経験や知恵を総動員して、全身全霊であたる仕事です。それだけに厳しく難しいからこそ、やりがいが生まれると言えるでしょう。

その他にも、研修講師には**収入面での魅力**があります。例えば1日の講師フィーが20万円だったとすると、月に5回登壇すれば月商100万円、年間ですと1200万円の売上げとなります。もちろん、月に5回登壇するためには、そのための営業活動や打合せ、クライアントの調査活動、そして企画やコンテンツを考える製作時間が必要です。テーマによりますが、1日の研修に対して3日以上準備にかかることもあるでしょう。ですから単純に、月に5日働けばいいというわけではありません。しかし、収入面で魅力があると言えそうです。

そして「時間の融通が利きやすい」というメリットがあります。もちろん研修当日は拘束されますが、それ以外の時間は比較的、融通が利きやすいのです。そのため、例えば子育てをしながら、あるいは他の会社の役員をしながら、趣味の活動を大事にしながら、田舎暮らしを楽しみながらと、さまざまなスタイルで講師活動をしている方がいます。

研修講師は、目の前のクライアントの問題解決、人材育成に貢献しています。それは結果的に、クライアント企業が提供・販売している商品やサービスを受け取るお客様にも貢献しているといえます。精巧で壊れにくい製品、サービスレベルの高い接客販売。お客様に喜ばれる場面の創造に、研修講師も一役買っているのではないでしょうか。

企業が市場に出す製品の優秀さは、たゆまぬ改善活動のおかげであり、その裏には技術系やマネジメント系の研修やコンサルティングの成果もあるはずです。また、おもてなしに代表される店頭やサービス現場での細やかな接客対応は、接客販売の研修やトレーニングシステムをつくったコンサルティングの成果でもあるのではないでしょうか。

グローバルな視点からも、日本型の人材育成システム、研修講師のスキルや意識は、海外にも誇れるものがあるのでは、と思います。日本ならではの「高いロイヤリティを持った社員の育成」や「おもてなしに代表される接客販売技術」「緻密で高い経験・実践が求められるモノづくりの技術」などの裏に、企業の人材育成部門と研修講師の貢献があるのだと思います。

今こそ、選ばれる研修講師、そして選ばれ続ける研修講師となって、活躍を目指してみてはいかがでしょうか。研修講師はクライアントのみならず、広く産業界や社会に貢献する、やりがいのある仕事です。

おわりに

研修の仕事を始めたい！
研修講師の仕事は、どうやって取ってきたらいいのか？
プレゼンなどの講義スキルに関する本はあるけれど、講師ビジネスに関する本がない！
こうした声に少しでもお答えすべく、本書を書かせていただきました。

それぞれの内容は頭の中にバラバラにあったものの、それを整理し、体系化することは初めてのことでした。いったん、体系化したものを自主セミナーの場でお話しし、参加者の声や反応を見ながら体系化し直し、修正していきました。

「選ばれ、仕事が続く講師」とは何か？
１００人以上の講師を見てきた私は、いろいろな角度から分析してみました。フレームワークやさまざまな戦略論をひもときながら検討したのです。

そこで、私の原点でもある「マーケティング戦略」が、ふっと湧いてきたのです。
こんなに基本的な戦略論が、講師の戦略論にも一番ピッタリくる！
そこから、マーケティング戦略を軸にして本書の執筆が始まりました。

執筆しながら、次のことを考えていました。
・グローバル競争にさらされる日本企業に対して、人材面から支援したい
・そのために、素晴らしい経験をもつ講師・コンサルタントが役立てるはずだ
・そこで、企業と講師の中間にいた私の経験・ノウハウが微力ながら貢献できるだろう
文中にも書きましたが、企業もいい講師・コンサルタントと出会いたがっています。しかし、お互いの判断基準や情報量の問題から、必ずしもうまくいくとは限りませんでした。そこで、この間のギャップを埋めることに貢献したいと私は考えたのです。

そうした背景の下、本書は次のような方々をイメージして書かせていただきました。
・今現在、研修講師として活躍している方
・これから、独立して研修講師を目指そうとお考えの方
・今一度、研修講師の最前線への復活を期している方

さらに、前述したように日本企業へ支援したいという思いから

・企業の人事部門、研修担当の方（講師を選ぶ際のご参考に）

・セミナー・研修会社の方（企業へよりよい研修プログラム提案をするご参考に）

にも、お役に立てていただければと思っております。

末筆ながら、本書の執筆にあたり、関係各所へ多数のヒアリング・インタビューのご協力をいただきました。ありがとうございます。

秘密保持の関係で社名は出せませんが、10社以上の企業の人事部、人材育成部、研修担当者様。また、小職と同業でもありながらも、快くお話をお聞かせいただきましたセミナー・研修会社の担当者・プロデューサーの皆様。

そして、文中の事例にも登場してくる、100人以上のお付き合いある研修講師、コンサルタントの皆様、厚く御礼を申し上げます。そして、できの悪い社員ながらもこの研修・コンサル業界に10年以上もおいてくださり、本書を書く原点となるさまざまな経験を積ませていただきました、前職の会長、先輩・後輩の皆様、御礼申し上げます。

最後に、本書の登場に多大なるご協力を頂きました、同文館出版株式会社の古市達彦編集長、初めての出版にて後方支援でいろいろ教えてくださいました編集部の竹並治子様、戸井田歩様、本当にありがとうございます。心より御礼申し上げます。

２０１５年９月

Ｂｒｅｗ株式会社　代表取締役　原　佳弘

著者略歴

原　佳弘（はら　よしひろ）

Brew株式会社　代表取締役
中小企業診断士／セミナー・研修プロデューサー

1973年生まれ、横浜市立大学卒業。28歳の時、中小企業診断士取得、その後、研修コンサルティング会社に転職。その中で、100人以上の研修講師・コンサルタントと会い、100本以上の法人セミナーを企画実施し、100社以上の企業へ研修やコンサルティングの企画営業をしてきた。自らも研修講師、コンサルタントとして活動するも、「私は表に出るより裏方が好き！」と、プロデューサーとなることを決意。以来、ヒットセミナーをつくることや、売れる講師の育成、パッケージ型以外の研修プログラムの企画を専門とする。
2014年5月、Brew株式会社を創業。社名は、人を変えるのではなく、環境を変える＝土壌を変える～醸成する、各人各様の「旨みを引き出す」という思いをこめて命名。

研修・セミナー講師が企業・研修会社から
「選ばれる力」

平成27年9月25日　初版発行

著　者 ―― 原 佳弘
発行者 ―― 中島治久
発行所 ―― 同文舘出版株式会社
東京都千代田区神田神保町1-41　〒101-0051
電話　営業03（3294）1801　編集03（3294）1802
振替　00100-8-42935
http://www.dobunkan.co.jp/

ISBN978-4-495-53181-2
印刷／製本：三美印刷
Printed in Japan 2015